🔊 기획·tvN STORY 〈벌거벗은 한국사〉 제작진

과거의 어느 시간대로든 떠나, 우리나라 역사 속의 중요한 사건과 흥미로운 인물들을 만날 수 있는 '역사 스토리텔링' 프로그램을 만들었습니다. 우리 역사의 장면을 재밌고 흥미진진하게 전달하면, 여러분의 기억 속에 오래 남을 수 있을 거라는 생각으로 만든 것이 〈벌거벗은 한국사〉입니다.

🔊 글·이선영

대학원에서 공부를 마치고 어린이책을 만들기 시작했습니다. 어린이들 마음에 우리 문화와 역사를 뿌리깊게 심어 주고, 우리 글의 소중함을 느낄 수 있는 책을 만들려고 애써 왔습니다. 쓴 책으로는 《사시사철 우리 놀이 우리 문화》《연지 곤지 찍은 우리 언니, 부케 든 우리 이모》《금줄 단 금동이네, 이름표 단 튼튼이》《저승으로 간 우리 할아버지, 하늘 나라로 간 우리 할아버지》《도대체 뭐라고 말하지? 말맛글맛 퐁퐁! 의성어·의태어》《서울대 교수와 함께하는 10대를 위한 교양 수업 3》 등이 있습니다.

🔊 그림·이효실

중앙대학교에서 한국화를 공부하고 영국 킹스턴 대학교에서 일러스트레이션을 공부한 뒤, 현재 어린이책 그림 작가로 활동하고 있습니다. 차분하면서도 편안한 그림으로 아이들의 마음을 따뜻하게 담아냅니다. 《난 꿈이 없는걸》《쉿! 갯벌의 비밀을 들려줄게》《가족 바꾸기 깜짝 쇼》《좋아서 껴안았는데, 왜?》《부릅뜨고 꼼꼼 안전》《부릅뜨고 똑똑 표지판》을 비롯해 여러 어린이책에 그림을 그렸습니다.

🔊 감수·홍문기

서울대학교 국사학과를 졸업하고 같은 대학교 대학원에서 '1864~1894년 언관 및 언관언론의 변화'로 박사 학위를 받았습니다. 서울대학교 규장각한국학연구원을 거쳐 지금은 총신대학교 역사교육과에서 한국사를 가르치고 있습니다. 함께 지은 책으로는 《독도 관계 한국사료 총서》《청소년의 마음을 키우는 인문학 선물》 등이 있습니다. 우리나라의 일제강점기에 관한 이야기를 더 많은 이들에게 전달하기 위해 tvN STORY 〈벌거벗은 한국사〉에 출연했습니다. 역사 이야기를 많은 사람들에게 즐겁고 유익하게 전할 수 있는 방법을 고민하고 있습니다.

🔊 감수·김현철

서울대학교 외교학과를 졸업하고 같은 대학교 대학원에서 '박영효의 근대국가 구상에 관한 연구'로 정치학 박사 학위를 받았습니다. 지금은 동북아역사재단의 명예 연구위원으로 활동하고 있으며, 한국정치외교사학회 부회장을 지냈습니다. 함께 지은 책으로는 《동아시아의 전쟁과 평화》《한국외교사와 국제정치학》《안중근과 그 시대》 등이 있습니다. tvN STORY 〈벌거벗은 한국사〉에 출연하며 복잡한 한일 관계를 쉽고 흥미롭게 전달하고자 합니다.

초등학생이 꼭 알아야 할 필수 한국사

벌거벗은 한국사

9 식민지가 된 조선과 친일파 이완용

기획 **tvN STORY** 〈벌거벗은 한국사〉 제작진
글 이선영 그림 이효실 감수 홍문기·김현철

아울북

기획의 말

'이 땅에서 현재를 살아가는 우리, 이 땅에서 살았을 우리 조상들. 비록 살았던 시간은 다르지만 같은 땅을 딛고 산 수많은 사람들. 그들은 과연 어떤 삶을 살았을까?'
저희는 이러한 질문에서부터 시작했습니다. 그리고 이 궁금증을 어떻게 해결할 수 있을지 고민했습니다. 이런 고민 속에서 우리는 뜻을 모을 수 있었습니다.

〈벌거벗은 한국사〉는 과거행 특급 열차 히스토리 트레인 익스프레스(HTX, History Train Express)를 타고, 한국사 여행을 떠납니다. 반만년 우리 역사의 수많은 사건과 인물들이 있는 '역사의 현장'에 도착하지요. 그리고 그 뒤에 숨은 이야기를 벌거벗겨 봅니다.

많은 역사적 사실들은 어렵고 딱딱하고 접근하기 어려운 부분이 있지만, 역사의 현장감을 살린 쉽고 재미있는 스토리텔링 방식이라면 한국사를 부담 없이 즐길 수 있을 거예요.

이 책은 방송 프로그램에서 방영되었던 방대한 역사적 사건과 인물들 중 초등학생이 꼭 알아야 할 필수적인 이야기를 엄선했어요. 주인공들과 함께 HTX를 타고 과거로 가 생생한 현장을 마주하고, 매직 윈도로 당시와 현재를 보면서 한국사를 낱낱이 벌거벗기는 여행을 합니다. 이 과정을 통해 어린이는 스스로 '역사 속 주인공'이 되어 몰입할 수 있어요. 역사 지식을 단순히 아는 것에서 나아가 사건과 인물이 처한 환경과 인과 관계까지 파악할 수 있어 역사적 사고력을 키울 뿐만 아니라, 올바른 역사의식도 세울 수 있지요.

그럼, 지금부터 한국사 여행 출발해 볼까요?

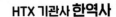

등장인물

HTX 기관사 한역사
이름에서 풍겨 나오는 역사의 냄새!
한국사를 꿰뚫고 있는 역사 선생님!
선생님이라고 말하지 않으면 옆집 아저씨 같다.
수일 동안 작업실에서 뚝딱뚝딱하더니
HTX 열차를 개발했다. 이쯤이면
역사 선생님인지 과학자인지 헷갈릴 정도!

HTX VIP 탑승객 오광복 교수
일제 강점기를 연구하는 교수님이자
독립운동가의 후손!
나라를 사랑하는 마음이 넘쳐서
강의를 하다가 종종 눈물이 주르륵!

HTX 탑승객 천만세
이 시대의 진정한 '역알못'으로,
역사를 모르는 친구.
천하장사라 몸으로 하는 건
무엇이든 자신 있다.
충만한 개그감은 덤!

HTX 탑승객 나여주
사극을 두루 섭렵해서
한국사 지식에 빠삭한 친구.
가끔 너무 사극에 빠진 나머지
자기가 주인공인 양 대사를 읊조린다.

HTX 탑승객 마이클
미국에서 온 예의 바른 친구.
케이팝을 좋아해 한국에 관심을 갖다가
급기야 한국사 마니아가 됐다.
반전은 한자 박사라는 것!

차례

등장인물 • 6

프롤로그 • 10

우리나라가 일본에 나라를 빼앗기게 된 사건들

• 1장 조선을 노리는 일본 • 18

• 2장 경술국치, 국권 피탈의 그날 • 50

나라를 팔아먹은 매국노 이완용

• 3장 고종이 아꼈던 친미파 신하 • 72

• 4장 친일 매국노가 된 이완용 • 92

에필로그 • 116

1876	1882	1884	1894	1895
강화도 조약 체결	임오군란	갑신정변	동학 농민 운동	명성 황후 시해 사건

세계사

1868		1885	1894	1895
일, 메이지 유신		청·일, 텐진 조약 체결	청일 전쟁	삼국 간섭

tvN STORY
〈벌거벗은 한국사〉
방송 시청하기

↺ 22회   ↺ 88회

역사 정보

❶ 시대 배경 살펴보기 • 122

❷ 인물 다르게 보기 • 124

❸ 또 다른 역사 인물들 • 126

• 주제 마인드맵 • 128

벌거벗은 한국사 퀴즈

• 국권 피탈 편 • 130

• 매국노 편 • 132

• 정답 • 134

사진 출처 • 135

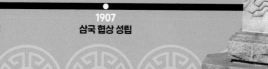

1897	1905	1907	1910
대한 제국 수립	을사늑약 체결	헤이그 특사 파견 고종 강제 퇴위	국권 피탈

1898	1904	1907
청, 변법 자강 운동	러일 전쟁	삼국 협상 성립

프롤로그

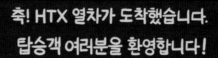

축! HTX 열차가 도착했습니다.
탑승객 여러분을 환영합니다!

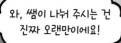

와, 쌤이 나눠 주시는 건
진짜 오랜만이에요!

탑승권 뒷면에
옛날 신문 사진이 있네.
'시일야방성대곡'?

이번 여행에는
어떤 교수님이 오실까?

是日也放聲大哭

"쌤! 지도가 잘못된 거 같아요."

만세가 HTX에 탑승하자마자 매직 윈도에 띄워진 지도 그림을 보고 손을 번쩍 들고 말했어요.

"맞아요. 한반도랑 일본을 같이 빨갛게 칠해 놓았어요."

여주도 만세의 말에 맞장구쳤어요. 그러자 한 쌤이 심각한 표정을 지으며 말했어요.

"잘못 그려진 게 아니에요. 이 지도는 일본이 만든 기념엽서에 실린 지도예요. 대체 무엇을 기념한 엽서였을까요?"

"한반도랑 일본을 같은 색으로 칠했다면 일본과 한국이 묶였다는 얘긴데, 혹시 일본에 국권 피탈을 당한 날이에요?"

한국사 마니아인 마이클이 대뜸 말했어요.

"역시 마이클! 맞아요. 일본이 1910년 한국을 강제 병합해 식민지로 만든 걸 기념하기 위해서 만든 엽서예요. 우리가 '경술국치'로 부르는 병합 조약으로 조선의 땅이 일본의 것이 되었다는 걸 널리 알리려고 만든 거지요."

한 쌤의 말에 여주가 한숨을 폭 내쉬며 말했어요.

"그럼 이번 한국사 여행은 그때로 가는 거예요? 정말이지 이렇게 안 가고 싶은 여행은 처음이에요."

만세는 주먹 쥔 손을 부르르 떨며 말했어요.

"윽, 난 벌써부터 가슴이 답답해져."

"잠깐, 잠깐! HTX 탑승권에는 1910년이 아니라 1875년으로 간다고 되어 있어. 쌤, 왜 이때로 가요?"

마이클의 질문에 한 쌤이 말했어요.

"우리 역사의 치욕이 시작된 1910년 8월 29일, 일본에 국권을 빼앗긴 그날이 어떻게 왔는지 차근차근 살펴보기 위해서예요.

일본이 한국 병합을 기념해 만든 엽서 그림이에요.

우리의 치욕을 기념했다니!

이런 지도 보기 싫어!

역사를 외면하면 안 되는 거 알지?

무슨 일이든 갑자기 생기는 게 아니니까요. 1910년이 오기 전 1905년에는 을사늑약이 체결됐죠. HTX 탑승권에 실린 사진은 을사늑약이 체결되고 사흘 뒤에 '시일야방성대곡'이라는 사설을 실은 황성신문 사진이에요. 마이클이 한번 '시일야방성대곡'의 한자를 읽어 볼래요?"

"볼 시(是), 해 일(日), 어조사 야(也), 놓아둘 방(放), 소리 성(聲), 클 대(大), 곡할 곡(哭). 쌤, 무슨 뜻이에요?"

마이클이 묻자 한 쌤이 눈을 깊게 감고 읊조렸어요.

"이날에 목 놓아 크게 통곡하노라."

한 쌤은 목소리뿐 아니라 표정도 정말 우는 듯했어요.

"와! 쌤, 요즘 드라마 보세요? 연기 좀 하시는데요?"

여주가 엄지척해 주자 한 쌤이 어깨를 으쓱했어요.

"그랬나요? 하하. 아, 지금 웃을 때가 아니죠. 아무튼! 을사늑약 전인 1895년에는 명성 황후 시해 사건(을미사변), 1894년에는 동학 농민 운동,

1884년에는 갑신정변……. 이렇게 그날이 오기까지 어떤 사건들이 있었는지 하나씩 알아보려고 해요. 우리끼리 가면 좀 허전하겠죠? 이번 한국사 여행을 함께 떠날 교수님을 소개할게요. 독립운동가의 후손이신 오광복 교수님, 어서 오세요!"

한 쌤이 HTX의 출입문을 열었어요. 그러자 머리가 희끗희끗한 오광복 교수님이 들어왔어요.

"우아, 독립운동가의 후손이라니! 교수님, 멋져요."

마이클이 오광복 교수님께 말했어요.

"독립운동? 운동이라면 무엇이든 멋져요. 저도 운동을 좋아하거든요."

만세는 갑자기 팔 굽혀 펴기를 하면서 말했어요.

"나의 증조할아버지께서 만주에서 독립운동을 하셨지요. 뜻 깊은 여행을 함께 떠나게 되어 무척 영광이에요."

오광복 교수님이 활짝 웃으며 인사했어요.

"이제 모두 준비가 되었으니, HTX를 출발시켜 볼게요. 아참, 여행을 떠나기 전에 한 가지 당부하고 싶은 게 있어요. 여행을 하다 보면, 오광복 교수님의 증조할아버지처럼 훌륭한 독립운 동가들을 만날 수 있지만, 반대로 이완용처럼 나라를 팔아 버 린 매국노를 만날 수도 있어요."

"이완용! 이름만 들었을 뿐인데 벌써부터 화가 나요."

만세가 씩씩거렸어요.

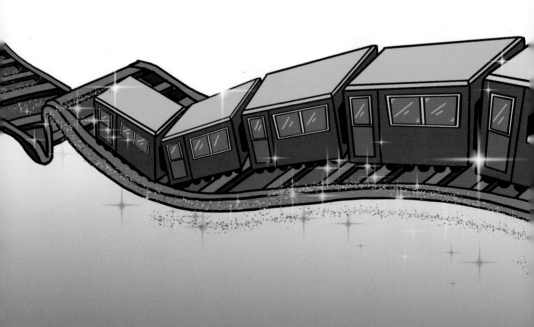

"그래서 당부하는 거예요. 나라를 빼앗긴 이야기를 들으면 다들 화가 치밀어 오를 거예요. 그럴 때는 심호흡을 하고 마음을 잘 다스려야 해요. 알았죠? 다들 마음의 준비를 단단히 했다면 이제 조선이 일본의 식민지가 되어 갔던 과정을 하나하나 벌거벗기러 떠나 볼까요? 출발!"

한 쌤이 조종하는 HTX가 서서히 출발했어요.

HTX 승객 여러분 안녕하십니까?
우리 열차는 잠시 후 1875년에 도착할 예정입니다.
안전하고 즐거운 여행이 되시길 바랍니다.
감사합니다.

1장

우리나라가 일본에 나라를 빼앗기게 된 사건들

조선을 노리는 일본

우리는 지금 1875년 음력 8월 21일 강화도 초지진에 왔어요. 이날 강화도 앞바다를 지키던 조선군 강화 수비대는 수상한 보트 한 척을 보았어요. 보트는 초지진을 향해 조금씩 조금씩 다가오고 있었어요.

"멈춰라! 그렇지 않으면 대포를 쏘겠다!"

강화 수비대가 경고했지만 보트는 물러가지 않았어요. 강화 수비대는 경고한 대로 곧바로 대포를 쏘았죠. 그러자 보트는 물러가는가 싶더니 잠시 뒤 큰 배 한 척이 초지진을 향해 다가왔어요. 강화 수비대에게 맹렬하게 대포를 쏘면서요!

강화도 앞바다에서 갑작스럽게 치른 이 전투 후 조선에 서서히 그림자가 드리워졌어요. 도대체 무슨 일이 일어난 걸까요?

대포알을 쏘고 있어요!

흐릿하지만, 그건 대포알이 아니라 일장기예요.

운요호 사건으로 맺게 된 강화도 조약

강화도 앞바다에 나타난 배는 일본의 군함인 운요호였어요. 운요호는 동해안부터 남해안, 서해안까지 연안을 측량한다는 핑계로 우리나라 해안을 탐색 중이었어요. 그러던 가운데 조선군 강화 수비대와 교전을 벌인 거예요.

"조선이 먼저 우리를 공격했으니, 우리도 가만히 있을 수 없다. 공격하라!"

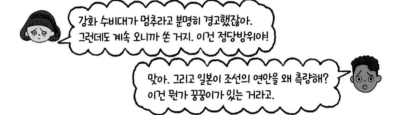

강화 수비대가 멈추라고 분명히 경고했잖아. 그런데도 계속 오니까 쏜 거지. 이건 정당방위야!

맞아. 그리고 일본이 조선의 연안을 왜 측량해? 이건 뭔가 꿍꿍이가 있는 거라고.

운요호는 대포를 퍼부어 초지진을 파괴한 뒤 영종도로 가 배를 대었어요. 배에서 내린 일본군은 민가를 습격해 사람들을 죽이고, 약탈하고, 불을 질렀어요. 그러고는 유유히 일본으로 돌아가 버렸지요. 이 사건을 '운요호 사건'이라고 해요.

운요호 사건이 일어난 이듬해, 일본은 군함들을 몰고 다시 조선에 왔어요. 그러고는 황당한 요구를 해 왔지요.

"운요호는 물을 얻기 위해 잠시 배를 대려 했을 뿐이오. 그

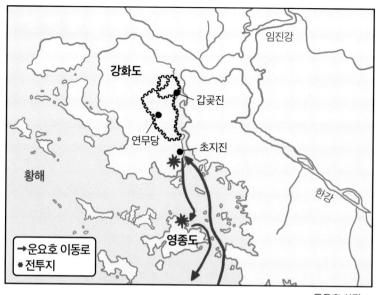

운요호 사건 ↑

런데도 조선이 대포를 쏘았으니, 사과하고 손해를 갚으시오!"

조선 정부는 어이없었어요. 남의 나라에 함부로 쳐들어온 건 일본이고 손해를 입은 건 조선이에요. 그런데 도리어 일본에 손해를 갚으라니 말이 되나요? 게다가 일본 군함은 한양과 가까운 강화도 갑곶진까지 들어와 무력시위를 벌였어요. 조선 정부는 일본이 무얼 원하는지 듣기 위해 회담에 나섰어요. 회담 장소는 연무당으로 정했지요.

"조선의 항구를 열겠다는 조약을 맺읍시다."

회담에 나온 일본 측 대표 구로다 기요타카의 말에 조선 측 대표 신헌은 고개를 갸우뚱했어요.

"조선과 일본은 조약을 맺지 않고도 이미 수백 년 동안 무역을 해 왔소. 왜 이제 와 조약을 맺자고 하는 것이오?"

사대교린
조선의 세 가지 건국 이념 중 하나로, 큰 나라는 받들어 섬기고 이웃 나라와는 친하게 지낸다는 외교 정책이다.

조선은 건국 이래 '사대교린'의 외교를 해 왔어요. 일본에게는 '교린' 정책을 써 통신사를 보내 교류하거나 부산에서 교역을 하는 정도로 관계를 맺어 왔지요. 그런데 뜬금없이 '조약'이란 걸 맺자고 하니 의아했어요.

"나라끼리 무역을 하려면 요즘은 다들 국제법상 조약을 맺소. 조약을 맺으면, 두 나라가 약속을 한 것이니 교역이 끊어지는 일이 없지 않겠소?"

일본 측 대표는 요즘 국제 사회에서는 조약을 맺는 것이 관례라며 조약 체결을 고집했어요. 조선은 내키지 않았어요. 하지만 일본의 군함들이 금방이라도 공격을 퍼부을 것처럼 강화도 앞바다에 버티고 있으니 어쩔 수 없었어요.

"알겠소. 조약을 체결해 주겠소."

조선 측 대표는 일본 측 대표가 내민 조약서의 초안을 받아 보았어요. 하지만 초안을 보자마자 펄쩍 뛰었어요. 무엇 때문이었는지 한번 살펴볼까요?

> 대일본국 황제 폐하와 조선국 왕 전하께서는
> 본디 우의를 두터이 하여온 지가 여러 해 되었으나
> 지금 두 나라의 정의가 미흡한 것을 보고
> 다시 친목을 공고히 한다.

일본은 조약서 초안의 머리말에 일본 왕을 황제로, 조선 왕을 국왕이라고 표현해 놓았어요. 황제와 국왕, 어떤 게 더 위상이 높을까요? 당연히 황제겠죠. 조선은 기가 막혔어요. 그동안 오랑캐의 나라로 낮잡아 봤던 일본이 감히 '황제'를 입에 올리고 있으니까요. 게다가 조선에게 '황제'란 칭호는 조선이 받드는 중국 청의 왕에게나 붙이는 칭호였어요.

"이건 말도 안 되오! 이런 조약서는 쓸 수 없소!"

조선이 크게 반발하자 일본은 한발 물러섰어요. 일본은 얼른 조선의 의견을 반영해 황제, 국왕이란 표현을 빼기로 했어요. 그리고 자기 나라 이름 앞에만 붙였던 '클 대(大)' 자를 조선국 앞에도 대등하게 붙여 쓰기로 했지요.

처음부터 이렇게 했어야지. 예의가 없었어.

일본은 왜 초안까지 고치며 조약을 맺으려 했을까요? 당시 일본은 조선보다 한발 빠르게 서양 문물을 받아들였어요.

1858년 미국을 시작으로 영국, 프랑스, 네덜란드 등 서양 열강들과 통상 조약을 맺었지요. 그리고 서양 열강들이 어떻게 식민지를 만들어 강대국이 됐는지 목격했어요.

일본은 서양 열강처럼 되고 싶었어요. 아시아 대륙에 식민지를 거느린 나라가 된다는 꿈을 꾼 것이죠. 섬나라인 일본이 그 꿈을 이루려면 어떻게 해야겠어요? 대륙을 침략해야겠죠. 그 침략의 발판이 바로 조선이었어요. 그래서 운요호 사건을 빌미

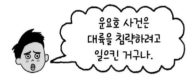

로 조약을 맺자고 한 거였어요.

"조선의 뜻대로 해 주었으니, 이제 우리 뜻도 받아 주시오. 우리가 조약서에 쓴 조항들은 국제적인 관례에 따른 것으로, 양국의 평등하고 평화로운 관계를 위한 것입니다."

일본은 마치 크게 양보했다는 듯이 자신들이 원하는 열세 가지 조항을 내밀었어요. 조항들은 정말 평등하고 평화로운 것들이었을까요? 대표적으로 제1관을 살펴볼게요.

"조선국은 자주국이며 일본국과 평등한 권리를 가진다."

얼핏 보면 당연한 얘기지만, 여기엔 일본의 시커먼 속내가 숨어 있어요. 조선은 그동안 청을 큰 나라로 받드는 사대를 해 왔어요. 한마디로 청의 간섭을 받아 왔다는 얘기예요. 일본은 조선을 '자주국'이라고 표현해서 청의 간섭을 배제하려고 했

어요. 조선이 자주 국가면, 일본이 조선에서 뭘 하든, 심지어 침략을 해도 청이 간섭하기 힘드니까요.

　제1관부터 평화롭지 않은 침략의 의도가 있었지만, 조선은 눈치채지 못했어요. 조선이 원하는 대로 조약서의 표현을 수정하고, 열세 가지 조항 중 조선이 거부한 조항 하나는 빼겠다 하니 상호 대등하게 협의했다고 생각한 거지요. 이렇게 조선은 1876년 음력 2월 3일, '조일 수호 조규'에 도장을 찍었어요. 강화도에서 체결해서 '강화도 조약'이라고도 하지요.

강화도 조약에 숨어 있는 일본의 속셈

강화도 조약은 조선과 일본이 통상 및 교류를 하기 위해 맺은 조약이에요. 겉으로 보면 아무 문제가 없어 보이지만, 조항을 따지고 보면 침략을 위한 일본의 속셈이 뻔히 보여요. 대표적인 세 조항을 살펴보아요.

제4관

조선국은 부산 외에도 두 곳의 항구를 개항해 일본인이 자유롭게 오가며 통상할 수 있게 한다.

일본이 세 항구의 개항을 요구한 데는 통상뿐 아니라 침략을 위한 속셈도 있었어요. 한양과 가까운 인천, 물자를 실어나르기 좋은 부산, 러시아의 남하를 막는 전략적 요충지인 원산, 모두 일본에 군사적으로 유리한 곳이었어요.

제7관

일본국의 항해자가 조선국 연해를 자유롭게 측량하도록 허가한다.

일본은 조선이 섬이나 암초를 조사하지 않아 항해할 때 위험하다며 해안 측량권을 요구했어요. 하지만 사실은 조선을 침략할 때 군사적으로 필요한 정보를 얻기 위해서였어요.

이제 조선의 해안은 손바닥 보듯 훤해.

제10관

일본인이 조선국 항구에 머무르며 저지른 범죄 행위는 일본국 관원이 심판한다.

다른 나라 땅에 있으면서도 그 나라 법의 적용을 받지 않는 치외법권을 인정한 조항이에요. 일본인이 조선에서 문제를 일으켜도 처벌할 권리가 없게 만들어 일본인의 지위를 높이려는 속셈이 었어요.

우린 조선에서 처벌받지 않아!

강화도 조약을 맺은 뒤, 고종*은 이렇게 말
했어요.

"조약을 맺어 큰 위기를 잘 넘기고, 국가의
위신을 지켰도다."

고종
조선의 26대 왕. 열두 살에 즉
위하여 10년 뒤인 1873년부
터 직접 나랏일을 돌보며 개화
정책을 추진했다.

고종은 군함들을 몰고 온 일본과 자칫 전쟁을 할 뻔한 위기
를 넘겼으니 다행이라고 생각했어요. 이렇게 조선은 조약을 체
결하려 했던 일본의 진짜 의도가 무엇인지 모른 채 일본에 문
을 열었어요. 조선에서 일본의 영향력은 가랑
비에 옷 젖듯 조금씩 조금씩 늘어가기 시작
했지요.

고구마 열 개 먹은 듯
시작부터 갑갑해.

일본군이 들어오게 된 임오군란

강화도 조약에는 사절을 왕래하기로 한 조항이 있었어요. 조
선 정부는 조약에 따라 일본에 사절단을 파견하기로 했어요.
고종은 80여 명의 사절단을 이끌 대표로 김기수를 임명하며 이
렇게 말했어요.

"일본이 서양 문물을 어떻게 받아들였는지 빠짐없이 살펴보
고 오라."

일본이 얼마나 달라졌는지 좀 볼까?

↑ 1876년 영국의 한 주간지에 실린 수신사 행렬을 묘사한 그림

　사절단의 이름은 '수신사'라 했어요. 강화도 조약 이전에는 조선이 문물을 전해 준다는 의미로 사절단을 '알릴 통(通)' 자를 써 통신사라고 했어요. 그러나 이제는 조선이 문물을 받는 입장이어서 '익힐 수(修)' 자를 써 수신사라 한 것이지요.

　강화도 조약을 맺은 지 두 달 뒤쯤, 김기수는 수신사 일행을 이끌고 일본으로 떠났어요. 약 20일간 일본에 머물며 공장과 군사 시설, 병원 등을 살펴보고 돌아왔지요. 이후 조선 정부는 1880년에 김홍집을 대표로 한 수신사를 또 한 번 파견했어요. 김홍집은 일본에서 정치·경제·외교 분야의 인물들을 두루 만나 얘기를 나누며 일본의 발전상과 세계정세를 파악하고 돌아왔어요.

조선 정부는 두 차례 수신사 파견을 통해 개화*의 필요성을 느꼈어요. 하루라도 빨리 개화 정책을 펼쳐 나라를 강하게 만들고 싶었죠. 조선 정부는 개화 정책을 추진할 기구로 '통리기무아문'을 설치하고, '별기군'이라는 신식 군대를 만들었어요.

개화
외국의 더 발전된 문화나 제도를 받아들이는 것.

별기군은 일본과 청에서 들여온 신식 무기를 가지고 일본인 교관으로부터 군사 훈련을 받았어요. 조선 정부는 매달 꼬박꼬박 월급도 주며 좋은 대우를 해 주었지요. 그러다 보니 구식 군대 군인들 사이에 볼멘소리가 나왔어요.

"신식 군대가 아무리 중요해도 그렇지, 우리한테 너무 신경 안 쓰는 거 아닌가?"

"그러게 말일세. 월급을 못 받은 지 벌써 1년이 넘었어."

구식 군대 군인들의 불만은 나날이 커져 갔어요. 그러던 어느 날, 조선 정부가 월급을 주겠다고

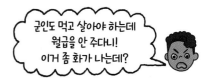

군인도 먹고 살아야 하는데 월급을 안 주다니! 이거 좀 화가 나는데?

했어요. 비록 한 달 치에 불과했지만, 구식 군대 군인들은 기뻐하며 월급을 받으러 갔지요.

"아니, 이게 뭐야? 쌀에 모래를 섞어 놨잖아!"

당시에는 월급을 쌀로 주었는데, 쌀자루에 겨와 모래가 반이 넘게 섞여 있었던 거예요. 구식 군대 군인들은 화가 치밀어 난을 일으켰어요. 이 난을 임오년인 1882년에 일어났다고 해서 '임오군란'이라고 해요.

임오군란은 백성들까지 더해져 더욱 거세졌어요. 별기군의 일본인 교관을 해치고, 백성들과 힘을 합쳐 일본 공사관을 포위하고 불을 질렀어요. 왜 일본 공사관을 불태웠냐고요? 강화도 조약 이후 일본에 쌀이 싼값에 대량으로 유출되면서 국내에서 쌀값이 크게 올랐어요. 한마디로 먹고살기 힘들어진 건데,

↓ 임오군란 당시 일본 공사관 습격 장면을 그린 기록화

공사관에서 도망치는 일본인들

공사관을 습격하는 조선 백성들

백성들은 여기에 일본의 책임이 있다고 생각한 거예요.

난을 일으킨 구식 군대 군인들과 백성들은 내친김에 궁으로 향했어요. 개화 정책을 추진하며 일본을 끌어들인 조선 정부에 항의하기 위해서였죠. 궁이 공격받을 위기에 처하자 고종과 명성 황후는 청에 도움을 요청했어요. 그러자 청은 군대를 보내 군란을 진압해 주었어요.

그 후 청은 임오군란을 수습해 준 대가로 군대를 주둔시키며 내정 간섭을 하기 시작했어요. 그런데 이 사 건을 계기로 일본군 또한 조선에 들어오게 되었어요.

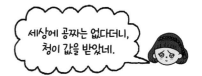

세상에 공짜는 없다더니, 청이 값을 받았네.

"임오군란 때 일본 공사관이 공격을 받았소. 조선이 우리 공사관을 지켜주지 못하니 우리가 직접 지키겠소."

일본은 공사관을 지키겠다는 명분을 내세웠지만, 다른 속셈도 있었어요. 조선에 군대를 주둔시키고 내정 간섭을 하는 청을 견제하려 한 거예요. 일본은 청을 보고 이렇게 생각했어요.

'우리도 잘하면 청처럼 조선 정부를 장악할 수 있지 않을까?'

일본은 일단 공사관을 경비할 150여 명의 군사를 조선에 주둔시킨 다음, 침략의 적절한 때를 노리려고 했어요. 강화도 조약으로 조선의 문을 열고, 임오군란을 계기로 조선 땅에 일본이 군홧발을 성큼 디딘 거예요.

일본이 지원했으나 실패한 갑신정변

임오군란 이후 청은 조선의 내정에 간섭하는 일이 많아졌어요. 고종은 개화파 인물들을 관료로 많이 등용했지만, 청이 감 놓아라 배 놓아라 하며 간섭하는 바람에 개화에 속도가 나지 않았어요. 그러자 개화파 중에서 청에 반발심을 갖는 사람들이 생겨났어요.

"우리도 일본처럼 서양 문물을 빨리 받아들여야 하는데, 청 때문에 뭐 하나 마음대로 할 수가 없어. 조선은 자주 국가야. 청에게서 벗어나야 해."

이런 생각을 했던 사람들을 급진 개화파라고 해요. 대표적인 인물은 김옥균이에요. 김옥균은 일본을 다녀온 경험이 여러 차례 있었어요. 김옥균이 본 일본은 조선보다 훨씬 발전해 있었어요. 거리에는 기차가 사람과 물건을 싣고 다니고, 공장에서는 기계가 많은 일을 대신해 주고 있었죠. 김옥균은 조정에 나가 이렇게 말했어요.

↑ 김옥균

증기 기관차가 다니는 1870년대 일본 도쿄의 모습을 담은 그림 ↑

"조선도 일본처럼 기계를 들여오고 빨리 개화해야 합니다."

김옥균이 목소리를 높였지만 귀담아듣는 이는 적었어요. 조정에는 청의 도움을 받아 점진적으로 개화해야 한다고 생각하는 친청파가 더 많았거든요. 김옥균은 답답했어요.

'청이 개화를 사사건건 방해하는데, 조정은 청에 휘둘리고 있어. 조정을 바꿔야 하는데 어떻게 한담?'

김옥균은 청에게서 독립하고, 조선을 개화할 방법을 궁리했어요. 그러던 1884년 갑신년에 청이 조선에 주둔하던 군대의 절반을 철수시켰어요. 베트남을 두고 프랑스와 전쟁을 하기 위해서였죠. 김옥균은 청군이 빠져나간 이때가 기회라고 생각했어요. 김옥균은 급진 개화파들을 모았어요.

"정변을 일으켜 조정을 장악합시다!"

우정국
우편 업무를 담당하기 위해 우리 나라 최초로 설치되었던 관청.

급진 개화파는 우정국* 개국 축하 만찬회 현장에 불을 지른 다음, 고종에게는 청 군대가 침입했다고 속이고 일본군을 불러들일 계획을 짰어요. 그래서 김옥균은 일본 공사관을 찾아가 정변 계획을 털어놓고, 군사를 내어 달라고 요청했지요.

일본은 아주 흔쾌히 지원을 약속했어요. 일본은 안 그래도 눈엣가시였던 청을 조선 사람들이 내쫓겠다고 하니 속으로 쾌재를 불렀죠. 누워서 떡 먹기 하는 거나 다름없었으니까요.

청이 싫어서 일본한테 군사 요청? 일본은 조선을 노리고 있는데?

급진 개화파는 일본처럼 개화하길 바랐잖아. 친일적인 면이 있었던 것 같아.

일본의 지원을 약속받은 급진 개화파는 든든했어요. 그런데 문제가 하나 있었어요. 정변을 일으키는 데는 낮보다 보는 눈이 적은 밤이 유리한데, 고종이 낮과 밤이 뒤바뀐 생활을 한다는 거였어요. 고종은 보통 오후 세 시쯤 일어나 초저녁부터 새벽까지 나랏일을 하곤 했어요. 왕이 이렇게 밤에 일을 하니 덩달아 조정 대신들도 밤에 궁을 오가는 일이 많았어요. 밤에도 보는 눈이 많으니 정변을 일으키기가 여의치 않았어요.

    고종은 왜 이렇게 낮과 밤이 바뀐 생활을 했을까요? 고종은 정치적인 적이 많았어요. 그래서 보안을 위해 주로 밤에 활동했어요. 또 한 가지 이유는 명성 황후 때문이었어요.

    고종은 명성 황후와 나랏일을 논하는 경우가 많았어요. 조선 시대에 왕비는 정치에 공식적으로 참여할 수 없었어요. 명성 황후는 비공식적으로 정치를 하기 위해 어두운 밤 시간을 이용했어요. 고종이 대신들과 나랏일을 논할 때, 명성 황후가 병풍 뒤에서 그 말들을 듣다가 의견을 내는 식으로 정치 참여를 한 거예요.

    어쨌든 김옥균과 급진 개화파는 정변을 성공시키기 위해 고종을 잠재워야만 했어요. 여기서 퀴즈!

Q 낮과 밤이 바뀌어 생활하는 고종을
밤에 잠들게 만든 묘안은
무엇이었을까요?

 그야 쉽죠. 수면제를 몰래 타서 먹이는 거예요.

수면제로 쓰는 '귀비탕'이라는 보약이 있었지만,
이건 왕의 주치의인 어의가 처방해 주어야 했어요.
몰래 정변을 일으켜 성공하려면, 계획을 아는 사람이
극소수여야 해요. 그러니까 어의한테까지 계획을
설명하고 같은 편으로 끌어들이기는 힘들었을 거예요.

 그럼, 최면술은요? 잠이 온다, 잠이 온다, 잠이 온다……

 최면술사를 부르라고?
차라리 자장가를 불러 주는 게 낫겠다.

 낮에 체육 대회를 여는 건 어때?
활쏘기도 하고, 기마전도 하고, 씨름도 하고 말이야.
그러다 보면 몸을 많이 써서 밤에 곯아떨어질 거야.

 이런 엄중한 시기에 체육 대회? 안 될 것 같아.

 몸을 쓰는 게 안 되면, 머리 쓰는 거? 난 머리 쓰면 피곤해.

 왕이 머리를 쓸 일은 정책을 만들거나 결정하는 일인데…….
맞다, 맞아! 쌤, 고종한테 오늘 안에 결재해야 한다면서
서류를 잔뜩 갖다주는 건 어때요?

정답! 아침 일찍 고종에게 일거리를 가져갔어요. 김옥균이 남긴 〈갑신일록〉에 따르면, 고종이 새벽에 잠들 듯 말 듯 할 때 오늘날로 치면 비서실인 승정원에서 서류를 잔뜩 들고 고종을 찾아갔어요. 고종이 잠을 잘 수 없게 하기 위한 묘안이었지요.

아하! 가장 간단한 방법인걸?

고종은 원래대로라면 아침에 잠을 자야 하는데, 눈앞에 쌓인 서류 더미 때문에 잠을 잘 수가 없었어요. 게다가 고종은 성격이 꼼꼼해서 모든 서류를 일일이 다 읽어 봐야 했어요. 결국 모든 서류에 결재를 마친 시각은 오후 세 시! 잘 때를 놓친 고종은 졸음이 쏟아졌고, 곧바로 깊은 잠에 빠져들었죠. 만약 고종이 밤에 깨어 있었다면 갑신정변은 시도조차 못했을지도 몰라요.

고종을 재우는 데 성공한 김옥균과 급진 개화파는 계획대로 음력 10월 17일 저녁 9시경 갑신정변을 일으켰어요. 개국 축하 만찬회가 한창이던 우정총국 옆 민가에서 불길이 솟구쳐 올랐어요. 그리고 궁 안에서 '펑!' 하고 폭탄 터지는 소리가 들렸어요.

"전하, 몸을 피하셔야 합니다! 변란이 일어났습니다."

김옥균이 고종의 침전으로 달려와 말했어요. 머리가 새하얘진 고종은 황급히 창덕궁 옆 작은 별궁인 경우궁으로 피신했지요. 그러자 일본군이 경우궁을 둘러싸 사람들의 출입을 막았어요.

급진 개화파는 정변이 성공했다고 생각했어요. 조정에서 본격적으로 자신들의 개화 정책을 펼치려고 했죠. 그런데 이틀 뒤 예상치 못한 일이 일어났어요. 조선에서 일부 철수했던 청 군대가 궁에 몰려온 거지요.

"뭐, 뭐야? 청군이 어떻게 온 거지?"

급진 개화파와 일본군은 깜짝 놀랐어요. 청은 조선에서 정변이 일어났다는 소식을 알아내고 고종을 구하기 위해 다시 군사를 보냈어요. 일본군은 세 배나 많은 청군을 보고 줄행랑을 놓았어요. 싸워서 이길 가능성이 없다고 본 거죠.

백성들은 일본 공사관을 향해 돌을 던지고 불을 질렀어요. 갑신정변 중 일본군이 고종을 경우궁에 가둔 데 화가 났던 거예요. 또 외세인 일본의 힘을 빌려 정변을 일으킨 급진 개화파를 반역의 무리라고 여겨 공격했어요. 살아남은 김옥균과 급진 개화파는 쫓기듯 일본으로 망명했어요. 결국 갑신정변은 삼일천하로 막을 내렸지요.

고종은 갑신정변을 일으킨 급진 개화파 세력을 조정에서 몰아냈어요. 조정에는 다시 친청파가 많아졌고, 청도 또 한 번 조선의 정치 주도권을 장악했어요. 그런데 이때 청은 일본과 조약을 하나 맺었어요. 바로 톈진 조약이에요.

두 나라는 갑신정변 때 군사적으로 크게 충돌할 뻔했어요. 그래서 조약을 맺어 양국이 조선에서 동시에 군대를 철수하고, 조선에 다시 군대를 파견할 때는 서로 미리 알리기로 했어요. 앞으로 더 큰 충돌을 피하자는 거였죠.

일본은 톈진 조약에 따라 군대를 철수했지만, 조선 침략 계획을 멈추지 않았어요. 국가 예산의 20퍼센트 이상을 군사비로 쓰며 힘을 길렀어요. 언제든 조선을 침략할 준비를 한 거예요.

청일 전쟁의 계기가 된 동학 농민 운동

조선에서는 1876년 개항 이후 쌀값이 계속 올랐어요. 백성들은 먹을 쌀이 모자라 힘들게 사는데 부패한 관리들은 자기 이익만 챙겼어요. 백성들이 세금으로 내는 쌀을 뜯어 자기 배를 불린 거예요. 그러다 전라도 고부를 시작으로 참다못한 농민들이 들고일어났어요. 갑신정변 10년 후인 1894년이었어요.

당시 고부 군수였던 조병갑은 논에 물을 대는 저수지인 보를 만든다면서 백성들을 불러다 일을 시켰어요. 그런데 고부에는 만석보라는 멀쩡한 보가 이미 있었어요. 농민들은 만석보의 물을 쓰는 대가로 내는 세금이 무거워 허리가 휠 지경인데, 불필요한 보를 또 만들고 세금도 더 내라고 하니 화가 났지요. 결국 불만이 쌓인 고부 농민들은 전봉준의 지휘로 봉기했어요. 이를 고부 민란이라고 해요.

고부 민란이 일어나게 된 전라도 정읍에 있는 만석보지예요.

만석보는 쌀을 만 석이나 거둬들일 수 있다 해서 지은 이름이에요.

못된 탐관오리 같으니!

고부 민란이 일어나자 조선 정부는 사태를 파악하기 위해 관리를 보냈어요. 그런데 그 관리는 난을 일으킨 농민들의 마음을 헤아리기는커녕 봉기의 주동자를 찾겠다며 눈에 불을 켰어요. 그리고 당시 농민들 사이에 퍼지고 있었던 동학*을 탄압하기 시작했어요.

동학
사람이 곧 하늘이므로 사람은 모두 평등하다는 인내천 사상을 기본 교리로, 최제우가 창시한 민족 종교.

탐관오리가 아니라 동학교도와 농민들을 잡아 가둔다는 소식은 백성들의 분노를 샀어요.

"탐관오리를 처벌하고 나라를 바로잡자."

"하늘 아래 모든 사람은 평등하다. 농민이 일어서자!"

1894년 음력 3월, 전봉준을 중심으로 8천여 명의 동학교도
와 백성들이 전국적으로 봉기를 일으켰어요. 이게 바로 나라를
바로잡아 백성을 편안케 한다는 '보
국안민'의 주장을 내세운 동학 농민
운동이에요.

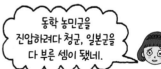

보국안민은 도울 보(輔),
나라 국(國), 편안할 안(安),
백성 민(民) 자를 쓰지.

동학 농민 운동은 걷잡을 수 없이 커져 갔어요. 동학 농민군
이 승승장구하자 조정은 난리가 났어요.

"전하, 동학 농민군을 진압해야 합니다. 우리 관군만으로는 힘
이 부치니 청에 도움을 요청하소서."

"아니 되옵니다. 우리 백성의 목숨을 다른 나라 손에 맡기다
니요!"

대신들이 옥신각신하는 사이, 동학 농민군이 전주성을 점령했
다는 소식이 들려왔어요. 전주라면 이제 한양까지 치고 올라오
는 것도 멀지 않았어요. 덜컥 겁이 난 고종은 청에 도움을 요청
했어요. 그런데 문제가 생겼어요. 청이 군대를 파병하자 기다렸
다는 듯 일본도 군대를 보냈어요. 텐진 조약을 근거로요. 청군은
3천 명, 일본군은 7천 명으로 모두 합
쳐 만 명이나 되는 외국 군대가 조선
땅에 발을 들여놓은 거예요.

동학 농민군을
진압하려다 청군, 일본군을
다 부른 셈이 됐네.

동학 농민군은 이 소식을 듣고 걱정이 됐어요.

"청군과 일본군이 동시에 들어오다니! 이러다 전쟁 나겠어. 먼저 외국 군대를 우리 땅에서 내보내야 해."

동학 농민군은 조선 정부와 전주 화약을 맺고, 자진 해산했어요. 나라를 개혁하는 것도 중요하지만, 나라를 지키는 것도 중요하니까요.

 HTX VIP 보태기

조선 정부가 동학 농민군과 전주 화약을 맺은 까닭

조선 정부 역시 청군과 일본군이 들어온 데 위기감을 느꼈어요. 두 나라가 군사적으로 충돌할 수도 있으니까요. 그래서 양국의 군대를 돌려보낼 명분을 만들기 위해 서둘러 동학 농민군과 협상에 나섰어요. 동학 농민군은 신분에 따른 차별 대우 철폐, 과부의 재혼 허용, 부패한 관리 처벌, 세금 제도 개선, 토지 제도 개혁 등이 담긴 '폐정 개혁안'을 주장했고, 조선 정부가 이를 받아들여 전주 화약을 맺었어요. 그다음 날, 동학 농민군은 관군이 안전을 보장하는 가운데 전주성에서 해산했어요.

동학 농민군이 해산한 뒤, 조선은 청과 일본에게 철수를 요구했어요. 청은 철수한다고 했는데, 일본은 그럴 생각이 없었어요. 갑신정변 후 10년 동안 군사력을 키웠던 일본은 이제 청군에 밀리지 않는다고 자신했어요. 사실 일본은 파병할 때부터 여차하면 청과 한 판 붙어 승부를 보겠다는 계획을

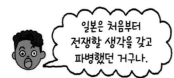

일본은 처음부터 전쟁할 생각을 갖고 파병했던 거구나.

일본이 제작한 일본군의 경복궁 기습을 묘사한 그림 ↑

갖고 있었어요. 그리고 지금이 기회라고 생각했어요.

1894년 음력 6월 21일 자정. 어둠이 짙게 깔린 경복궁 주변은 군사들로 가득했어요.

"돌격!"

일본군은 경복궁의 서쪽 문을 부수고 마구잡이로 밀고 들어갔어요. 갑작스러운 침입에 놀란 궁궐 호위 부대가 총을 쏘며 막아섰지만, 수가 모자랐어요. 일본군이 2천여 명에 달했거든요. 반 시간 만에 경복궁을 점령한 일본군은 고종을 사로잡고, 호위 부대를 무장해제시켰어요.

이틀 뒤 일본은 아산 앞바다에서 청을 기습 공격했어요. 일본이 조선 땅에서 청일 전쟁을 일으킨 거예요! 그런데 뭔가 이상

하지 않나요? 왜 일본은 청과 전쟁을 할 거면서 경복궁을 점령해 고종을 사로잡았을까요? 일본의 왕이 낸 선전 포고문을 보면 그 이유를 짐작할 수 있어요.

청은 언제나 조선을 속국이라 칭하며 음으로 양으로 내정에 간섭했고, 내란이 일자 속국의 위기를 구한다는 구실로 출병했다. 짐은 조선에 군사를 보내 전란을 영구히 없애 치안을 유지하고, 동양 전역의 평화를 유지하려고 한다.

선전 포고문에 따르면, 청이 마음대로 조선의 내정에 간섭하고 군대를 보내서 동양의 평화가 깨졌어요. 이 말이 설득력을 얻으려면, 무엇보다 먼저 조선이 청의 속국이 아니어야 했어요. 일본은 고종에게서 '조선은 독립국이다.'라는 말을 받아내기 위해서 경복궁을 침입했어요. 그래야 조선에 있는 청군을 몰아내겠다는 전쟁의 명분을 정당화할 수 있으니까요.

일본은 청일 전쟁을 치르는 한편, 조선을 개혁하겠다는 명분을 내세워 본격적으로 내정 간섭을 하기 시작했어요. 일본은 먼저 행정권과 입법권을 갖는 '군국기무처'를 설치해 개화파 인사들을 앉혔어요. 그런 다음 이들로 하여금 개혁을 추진하게 했어요. 바로 '갑오개혁'이에요.

갑오개혁은 정치, 경제, 사회의 제도를 전반적으로 변화시켰어요. 과거제를 폐지해 일본식 관료제를 도입하고, 도량형을 일본식으로 통일했어요. 또 세금을 돈으로 내게 하는 금납화를 시행하고, 신분제를 폐지해 노비를 없앴어요. 이밖에도 연좌제 폐지, 조혼 금지, 과부의 재혼 허용 등이 이뤄졌어요.

HTX VIP 보태기

갑오개혁에 반영된 조선의 개혁 의지
갑오개혁을 주도한 개화파는 친일 인사들이었어요. 하지만 '친일'이라고 해서 이들이 일본의 뜻대로만 개혁을 한 건 아니에요. 일본은 청일 전쟁 중이라 적극적으로 간섭하지 못했고, 이 틈에 이들은 나름 자율적으로 개혁을 추진했어요. 그 결과, 개화 지식인들과 동학 농민군이 요구했던 신분제 등 낡은 제도와 악습을 폐지하는 내용이 담기게 됐어요.

갑오개혁에서 특히 눈여겨봐야 할 건 정치 분야예요. 통치 체제를 정부와 왕실의 일을 구분해, 나랏일을 하는 의정부와 왕실의 일을 맡는 궁내부로 개편했거든요. 그리고 왕이 가진 인사권·재정권·군사권을 제한하여 의정부에 권한을 집중시켰어요. 왕실이 가졌던 권력을 의정부로 가져온 거지요.

갑오개혁이 한창 진행되고

나랏일은 의정부에서 할 테니 왕실은 궁 안의 일이나 돌보라는 얘기 같아.

있을 때, 일본은 청일 전쟁에서 승기를 잡았어요. 어느 정도 여력이 생긴 일본은 조선의 개혁에 적극적으로 개입하기 시작했어요. 그러자 전주 화약을 맺고 흩어졌던 동학 농민군이 다시 봉기했어요. 동학 농민군은 조선을 마음대로 바꾸려 하는 일본을 두고 볼 수 없었거든요.

"일본이 우리나라를 삼키려 한다. 일본에 맞서자!"

1894년 음력 9월, 전북 삼례에서 항일을 외치며 일어선 동학 농민군은 전국에서 일본군과 맞섰어요. 하지만 신식 무기를 가진 일본군을 이겨낼 수는 없었지요. 동학 농민군은 끈질기게 싸우다가 이듬해 초 몰살당했고 지도자 전봉준까지 처형되면서 동학 농민 운동은 막을 내리게 됐지요.

동학 농민군은 항일 운동을 하다 몰살당한 거구나. 너무 안타까워.

동학 농민 운동을 진압한 일본은 청일 전쟁에서도 승리했어요. 승자가 된 일본은 1895년 4월 17일 청과 강화 조약인 시모노세키 조약을 체결했어요. 시모노세키 조약의 제1조에는 일본이 청일 전쟁을 통해 얻고 싶은 것이 무엇이었는지 명확히 드러나 있어요.

"청은 조선이 완전무결한 독립 자주국임을 확인한다."

조선은 독립국이니까 청은 더 이상 간섭하지 말라는 뜻이었지요. 한마디로 이제 조선은 일본이 지배한다는 소리였어요.

시모노세키 조약을 맺는 일본과 청 ↑

어쩐지 "조선국은 자주 국가로서 일본국과 평등한 권리를 가진다."는 강화도 조약의 제1관이 떠오르지 않나요? 일본은 운요호 사건을 일으킬 때부터 작정했던 조선 침략과 식민지화 계획을 차근차근 실행하고 있었어요. 조선 땅에 일본의 그늘이 가득 드리워지게 되었지요.

2장

우리나라가 일본에 나라를 빼앗기게 된 사건들

경술국치, 국권 피탈의 그날

사극에 나오는
양반집 대문처럼
생겼어. 어디지?

여기는
양반집이 아니라
경복궁 건청궁이야!

역시 한국사 마니아!
한국사 여행 가이드를
해도 되겠어.

이곳은 경복궁 안에 있는 건청궁이에요. 건청궁은 고종이 직접 나랏일을 하기 시작한 후 지은 궁이에요. 건청궁은 고종과 명성 황후가 생활하는 공간이자 외교관을 접대하는 공간이었어요. 이 평화로운 건청궁에서 1895년 음력 8월 20일 새벽 전 세계가 경악한 사건이 벌어져요. 고종의 왕비인 명성 황후가 시해를 당한 거예요.

사건의 주범은 바로 일본이었어요. 적극적으로 정치에 참여했던 명성 황후는 마흔다섯 살이라는 나이에 일본 자객들에게 목숨을 빼앗겼어요. 일본은 왜 명성 황후를 시해한 걸까요? 일본의 속셈이 무엇이었는지 파헤쳐 볼까요?

이곳은 명성황후의 거처였던 곤녕합이에요.

↓ 곤녕합

여기서 일어났던 일을 생각하면 지금도 가슴이 찢어지네요.

일본이 명성 황후를 시해한 을미사변

청일 전쟁에서 승리한 일본은 한껏 어깨가 올라갔어요. 아시아 최강대국인 청을 무릎 꿇렸으니 그럴 수밖에요. 고종과 명성 황후는 영향력이 막강해진 일본을 막을 방법을 찾기 위해 고심했어요. 하지만 갑오개혁으로 왕권이 약해진 데다 친일 인사들이 득세해서 쉽지 않았죠.

1895년 11월 8일, 뜻밖의 소식이 들려왔어요. 일본이 시모노세키 조약으로 받아냈던 랴오둥반도를 청에게 다시 돌려준다는 소식이었어요. 랴오둥반도에 눈독을 들이던 러시아가 프랑스와 독일을 끌어들여 일본을 압박했기 때문이었죠. 기세등등

했던 일본이 삼국 간섭*에 꼬리를 내리는 모습을 보면서 고종과 명성 황후는 생각했어요.

삼국 간섭
러시아, 프랑스, 독일, 세 나라가 일본의 만주 진출을 막기 위해 압력을 가한 사건.

'그래! 러시아와 손을 잡아야겠구나.'

고종과 명성 황후는 러시아와 가까운 인사들을 관료로 대거 등용하고, 한양에 들어와 있던 러시아 공사관과도 친분을 쌓았어요. 러시아의 힘을 빌려 일본을 견제하려고 한 거예요. 마침 러시아는 동아시아로 세력을 확장하고 싶었던 터라 조선이 다가오자 긍정적으로 반응했지요.

> 조선과 러시아가 서로 마음이 맞으니, 금방 가까워졌겠다.

일본은 러시아를 가까이하는 고종과 명성 황후가 못마땅했어요. 러시아는 청에 랴오둥반도를 돌려주게 만들어 일본의 대륙 침략 계획에 어깃장을 놓았어요. 그런 러시아와 조선의 관계가 깊어지면 어떻게 될까요? 조선을 차지한다는 일본의 계획이 어그러질 수도 있었어요.

일본은 조선과 러시아 사이를 끊어 놓을 방법을 고민했어요. 그런데 가만 보니, 조선의 친러 행보를 주도하는 인물이 명성 황후인 거예요. 일본은 결국 명성 황후를 제거할 계획을 세웠어요.

> 맙소사! 어떻게 한 나라의 왕비를 죽일 계획을 세워?

"탕! 탕!"

1895년 음력 8월 20일 이른 새벽! 광화문 밖에서 총성이 울려 퍼졌어요. 얼마 뒤, 괴한들이 담을 타고 경복궁 안으로 침입했지요. 갑작스레 들이닥친 괴한들 때문에 경복궁은 아수라장이 되었어요.

괴한들은 일본 공사 미우라 고로의 지휘 아래 움직인 일본군과 민간인인 자객들이었어요. 이들의 작전명은 '여우 사냥'! 작전의 목적은 명성 황후를 시해하는 것이었어요.

자객들은 눈에 불을 켜고 명성 황후를 찾았어요. 거침없이 칼을 휘둘러 궁녀들과 신하들을 모조리 해치고 경복궁 깊숙이 있는 건청궁까지 들어갔어요.

"마마, 어서 달아나십시오!"

궁녀들이 외쳤어요. 명성 황후는 위기를 직감하고 궁녀복으로 갈아입고 달아났어요. 하지만 이내 자객들한테 붙잡히고 말았어요. 자객들은 날카로운 칼을 휘둘러 명성 황후의 목숨을 빼앗았어요. 비극은 여기서 끝이 아니었어요.

자객들은 명성 황후를 시해한 증거를 없애기 위해서 건청궁 동쪽 녹원 숲속에서 시신을 불태우기까 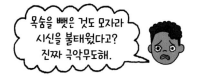 지 했어요. 남아 있는 명성 황후의 흔적이라고는 단지 뼈 몇 줌뿐이었지요.

일본이 경복궁에 쳐들어와서 명성 황후를 시해한 이 사건을 을미사변이라고 해요. 1895년 을미년에 일어난 큰 변고라는 뜻이지요. 명성 황후 시해 사건은 전 세계 역사를 통틀어 어디에서도 찾아볼 수 없는 만행이었어요.

"어찌 이런 참혹한 일이 벌어졌단 말인가⋯⋯."

고종은 참담함을 이루 말할 수 없었어요. 하지만 일본은 아랑곳하지 않았어요. 사건 다음 날 충격과 슬픔 속에 빠져 있던 고종에게 이렇게 협박했어요.

"이 일은 왕비에게 불만을 품은 자들이 저지른 짓이라고 말하시오!"

일본은 을미사변이 조선 내부의 권력 다툼으로 벌어진 사건이라고 꾸며 은폐하려고 했어요. 그러면서 이 사건과 일본은 전혀 연관이 없다는 문서를 외부에 보내기까지 했지요. 사건의 진실이 밝혀지면, 조선 백성들의 분노를 살 것이고, 국제적으로도 심각한 문제가 생길 수 있었거든요.

일본은 을미사변을 철저히 감추려고 했어요. 하지만 사건의 진실은 곧 세상에 밝혀지고 말아요. 여기서 퀴즈!

Q 을미사변이 세상에 알려지게 된 것은
진실을 증언한 사람들 덕분이에요.
이들은 누구였을까요?

시해 현장에서 살아남은 궁녀 아닐까요?

아수라장에서 살아남은 궁녀가 있었을까?
혹시 있다 해도 너무 무서워서 증언하지 못했을 것 같아.

증언하다 입이 막히고 쥐도 새도 모르게 사라지겠지.

대한민국 대표 캐릭터 카카오프렌즈 춘식이의
✧- 첫 번째 어린이 판타지 동화 -✧

GOGO 카카오프렌즈 창작동화

소원요정
춘식이
with 라이언
① 키야, 쑥쑥 커져라!

글·그림 김나경

아울북 × KAKAO FRIENDS
© Kakao Corp.

글·그림 김나경 | 150*210mm | 2024년 12월 18일 출간

이 책을 ^꼭 봐야 하는 이유

소원을 들어주는 엄청난 고양이,
춘식이가 펼치는 판타지를 통해
상상력은 자라나고
책 읽는 재미는 커지니까!

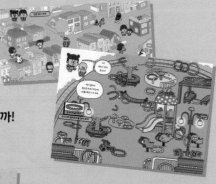

미로찾기, 숨은그림찾기,
같은그림찾기 같은
놀이 활동을 즐기며
성취감을 느끼고 **집중력**을 높이니까!

유용한 정보를 담은 부록을 읽으며
실용적인 지식까지 쌓을 수 있으니까!

초판 한정
특별 선물

한 장에는 내 소원을,
한 장에는 친구의 소원을 적는
춘식이의 소원 카드를
선물로 받을 수 있으니까!

어느 날 키가 큰 마야에게 놀림 받고는
속상한 마음에 소원을 외친 삼백이.
"내 소원은 키가 아주 많이 크는 거야~!"

그러자 갑자기, 소원을 들어주는
고양이 춘식이가 나타났다!
"키가 아주 많이 크고 싶다고?
소원 접수!"

소원 요정 춘식이 덕분에
삼백이의 소원이 이루어졌… 나?
하지만 삼백이가 원한 키는
이게 아닌데…?!

게다가 마야에게도
엄청난 변화가 일어났잖아!
삼백이와 마야는 원래대로
돌아갈 수 있을까? 춘식이가 저지른
엉뚱한 대형 사고의 결말은?

소원을 말해 봐!

춘식이에게 소원을
빌러 가 보세요!
춘식이가 소원을 들어줄 수도…?

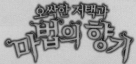

그럼 혹시 자객들 가운데 한 명이 양심에 찔려서 목격자인 척 증언한 게 아닐까?

그것보다 일본이 함부로 할 수 없는 사람이 아닐까? 이를테면, 외국 사람이라든지. 함부로 죽였다가는 외교적으로 골치 아파지니까 말이야.

정답! 증언자는 서양인들이었어요. 영국 영사 월터 케인 힐리어가 쓴 보고서를 한번 볼까요?

자객들이 달려들자 궁 내부 대신들은 왕후를 보호하려고 두 팔을 벌려 앞을 막았다. 자객들은 수차례 왕후의 가슴을 짓밟으며 거듭 찔렀다. 실수가 없도록 확실히 하기 위해 왕후와 용모가 비슷한 여러 궁녀들도 살해되었다.

힐리어는 현장을 목격한 궁녀와 의녀, 영국인과 미국인 등의 진술에 근거해서 그날 있었던 일을 이렇게 기록해 남겼지요. 러시아 건축가인 세레딘 사바틴도 왕실 경호원 자격으로 유일하게 사건을 목격하고 그날의 진실을 기록했어요.

천만다행이에요. 이런 기록이 없었다면, 사건의 진실이 묻힐 뻔했네요.

맞아요. 사건을 증언한 외국인들의 입을 통해 을미사변은 미국, 영국, 프랑스, 뉴질랜드 등 세계 각국 언론에 속보로 보도됐어요. 한 나라의 왕비가 시해된 사건은 그만큼 세계인들에게도 놀라운 일이었어요.

흥선 대원군
고종의 아버지로, 고종이 스물
두 살이 될 때까지 권력을 잡고
쇄국 정책을 펼쳤다.

사실 일본은 보는 눈이 없는 이른 새벽에 재빨리 작전을 마칠 생각이었어요. 하지만 흥선 대원군*을 데려가면서 일이 틀어졌어요. 일본은 왜 흥선 대원군을 데려가려고 했을까요?

흥선 대원군은 개화 정책을 추진하는 명성 황후를 매우 못마땅해했어요. 일본은 이 점을 노렸어요. 명성 황후와 사이가 좋지 않았던 흥선 대원군에게 을미사변의 죄를 뒤집어씌우려

58

고 했던 것이지요. 그런데 흥선 대
원군이 이를 눈치채고 완강하게 버
텼어요. 그 바람에 경복궁에 계획보

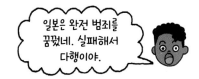

다 늦게 도착해서 일을 저지르다 서양인들의 눈에 띈 거예요.

증언자들에 의해 을미사변이 들통나자 국제 사회는 비난을
쏟아 냈어요. 야만적인 범죄를 저지른 자들을 처벌해야 한다
는 목소리도 나왔지요. 일본은 국제 사회의 따가운 시선에 을
미사변을 일으킨 자객들을 조선에서 쫓아냈어요. 강화도 조약
에 따라 일본인의 죄는 일본에서 재판하겠다면서요. 일본은
이 정도 선에서 일이 커지는 걸 막았어요.

 HTX VIP 보태기

을미사변을 일으킨 자객들의 이후
일본으로 보내진 자객들은 도쿄에서 재판을 받았어요. 하지만 증거가 불충
분하다는 이유로 모두 풀려났어요. 을미사변 가담자 중 그 누구도 처벌받지
않았고, 일본 정부는 자신들은 모르는 일이라며 발뺌했어요. 일본은 지금까
지도 을미사변에 대해 어떤 책임도 지지 않고 있어요.

일본은 을미사변으로 외교적인 어려움을 겪었지만 얻은 것
이 있었어요. 조선 정부에서 친러파를 밀어내고 내정을 다시
장악한 거죠. 일본은 이때부터 적극적으로 조선을 뜯어고쳐
나가요. 을미개혁을 시행한 거예요.

조선의 생활 양식을 바꾼 을미개혁

일본은 갑오개혁으로 나라의 틀거리인 제도를, 을미개혁으로 백성의 생활 양식을 바꾸려고 했어요. 서양 문물을 도입하는 개혁이라고 했지만 사실은 조선의 겉과 속을 모두 일본식으로 바꾸려는 의도였지요. 을미개혁의 주요 내용을 살펴볼게요.

단발령 실시

조선의 오랜 전통이었던 성인 남자의 상투를 자르라고 한 명령이에요. 위생 관리에 편하고, 서양식 옷차림을 갖추기에 좋다며 상투를 자르고 머리를 짧게 깎도록 했어요.

상투를 자르겠다!

조선인의 혼이 잘리는구나.

우체사와 소학교 설립

우편 업무를 하는 기관인 우체사와 개화하는 데 꼭 필요한 교육을 위해 소학교를 설립했어요. 소학교에서는 8~15세를 대상으로 우리나라의 역사, 지리, 산술뿐 아니라 외국의 역사, 지리 등도 가르쳤어요.

우체사 / ㅇㅇ소학교

태양력 사용

전통적으로 써 왔던 음력 대신 현재 우리가 쓰는 달력인 양력을 쓰게 했어요. 음력 1895년 11월 17일부터 양력을 써 이날을 1896년 1월 1일이라 했어요.

이제부터는 양력으로 모두 쓴다!

1895년 11월 17일

양력 1896년 1월 1일

종두법 시행

'종두'는 천연두를 예방하기 위해 백신을 접종하는 걸 말해요. 을미개혁으로 모든 어린이는 반드시 백신을 접종받아야 했고, 백신 접종을 할 의사를 양성하는 기관도 설치됐어요.

을미개혁을 대표하는 건 단발령이에요. 일본은 자기 나라에서 왕이 단발을 하자 모두 따랐듯, 조선도 먼저 왕이 본보기를 보여야 한다고 했어요. 그래서 단발령을 선포한 날 고종이 단발을 했어요. 하지만 별 효과가 없었어요.

내 목은 자를 수 있어도 머리카락은 자를 수 없다!

최익현 ↑

유교의 나라 조선은 예로부터 부모한테 물려받은 신체를 소중히 하는 것이 효라고 생각했어요. 신체의 일부인 머리털을 자르라는 말은 곧 불효를 저지르라는 말과 같았어요. 당연히 백성들이 순순히 따를 리 없었죠.

유학자 최익현은 단발령에 격렬히 반대하며 이렇게 말했어요. "내 목은 자를 수 있어도 머리카락은 자를 수 없다!"

게다가 백성들은 을미개혁을 추진하는 게 일본이라는 걸 알았어요. 그렇지 않아도 을미사변으로 반일 감정이 있는데, 유교 윤리를 어기고 일본인처럼 단발을 하라고 강요하니 백성들은 폭발했어요. 전국 곳곳에서 일본에 반대하는 의병이 일어났어요. 유생부터 일반 백성까지 대규모로 들고일어났던 이 항일 의병을 을미의병이라고 해요.

단발령이 반일 감정에 기름을 끼얹었네!

러시아의 간섭까지 받게 된 아관파천

을미사변 후 사실상 궁궐에 감금된 고종은 허수아비나 다름 없었어요. 일본의 입김에 따라 을미개혁을 추진하고, 일거수 일투족 일본의 감시를 당했어요. 고종은 일본이 명성 황후를 시해했듯 자신도 암살할지 모른다는 불안 속에 하루하루를 살았지요. 그렇게 약 4개월이 지난 1896년 2월 11일! 고종은 아관파천을 단행해요.

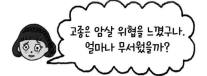
고종은 암살 위협을 느꼈구나. 얼마나 무서웠을까?

아관파천의 '아관(俄館)'은 러시아 공사관을 뜻하고, '파천(播遷)'은 왕이 거처를 옮긴다는 뜻이에요. 고종이 궁궐을 떠나 러시아 공사관으로 간 것이죠. 아관파천은 마치 '007 작전'처럼 진행됐어요. 고종은 일본의 눈을 피해 한밤에 궁녀 가마를 타고 경복궁을 빠져나갔지요.

일본은 뒤늦게 이 사실을 알고 바드득바드득 이를 갈았어요. 고종이 러시아 공사관에 있으면 감시를 할 수 없으니까요. 또, 러시아 공사관이 고종에게 거처를 내 줬다는 건 조선 뒤에 러시아가 서 있다는 뜻이니 함부로 할 수도 없었죠. 그만큼 일본의 조선에 대한 영향력은 줄어들었어요.

일본의 감시망에서 벗어난 고종은 러시아 공사관에서 나랏일을 보기 시작했어요. 친 러파 중심으로 새로 정부 를 꾸리고, 을미사변에 가 담한 친일파 관료들을 처 단했어요. 일본인 자객들 이 궁궐로 들어올 수 있 게 협력하고, 명성 황후를 찾는 데 도움을 준 자들이 었죠. 또 을미개혁 중 백성

친일파 관료들을 잡아들여라!

들이 크게 반발했던 단발령을 취소해 민심을 달랬어요. 이후 단발은 백성들의 자유의사에 맡겼지요.

아관파천으로 일본의 영향력은 줄었지만, 반대로 러시아의 입김이 세졌어요. 러시아는 고종을 보호해 주는 대가로 삼림 채 벌권, 광산 채굴권 등 경제적 이권을 받아 갔어요. 그러자 미국, 독일 등도 이권을 요구했어요. 이것저것 들어주다 보니 아관파 천 기간 동안 많은 이권이 다른 나라에 넘어갔지요.

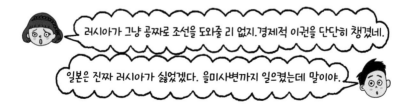

러시아가 그냥 공짜로 조선을 도와줄 리 없지. 경제적 이권을 단단히 챙겼네.

일본은 진짜 러시아가 싫었겠다. 을미사변까지 일으켰는데 말이야.

나는 이제 대한 제국의 황제다!

↑ 고종 황제

1897년 2월, 고종은 1년여 만에 지금의 덕수궁인 경운궁으로 돌아왔어요. 러시아의 힘을 빌려 일본의 영향력을 줄이긴 했지만, 대신 많은 이권이 다른 나라로 넘어간 상황이었잖아요. 또 왕이 다른 나라의 공사관에 오래도록 몸을 맡기고 있으니 왕으로서 체면도 깎이고 국격도 떨어졌어요. 백성들 사이에서도 비판과 우려의 목소리가 나오자 환궁을 결심한 거였죠.

고종은 같은 해 10월 12일 조선의 국호를 대한 제국으로 바꾸고, 초대 황제 자리에 올랐어요. 그러고는 청과 일본의 세력을 약화시키기 위해 서양 나라들과 외교를 강화했지요.

또한 그동안 일본의 간섭으로 하지 못했던 명성 황후의 장례식도 성대하게 치렀어요. 고종은 일본 자객에 의해 비참하게 세상을 떠난 명성 황후의 넋을 그제야 위로할 수 있었어요.

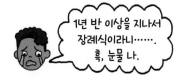
1년 반 이상을 지나서 장례식이라니……. 흑, 눈물 나.

이토 히로부미가 들이민 을사늑약

대한 제국이 친러파 중심으로 돌아가던 1904년 2월, 일본이 러시아를 상대로 전쟁을 일으켰어요. 일본의 기습으로 시작된 전쟁은 이듬해 6월 일본의 승리로 끝났어요. 세계 최강 군사 강국이라 자부했던 러시아의 코가 아주 납작해졌지요.

일본은 러시아와 강화 조약인 포츠머스 조약을 체결했어요. 이 조약에는 일본이 조선에서 정치와 군사, 그리고 경제적인 우월권이 있다는 것을 승인하는 내용이 담겨져 있어요. 한마디로 일본이 서구 열강으로부터 공식적으로 대한 제국에 대한 보호권을 인정받게 된 거예요.

청일 전쟁에 이어 러일 전쟁까지 승리한 일본은 의기양양했어요. 그리고 마침내 일본은 조선 침략의 쐐기를 박는 일을 벌였어요.

1905년 11월 17일! 덕수궁 중명전이 갑자기 소란스러워졌어요. 총칼로 무장한 일본 군인들이 들이닥친 거예요. 그리고 군인들 뒤로 누군가 나타났어요. 일본 왕이 보낸 특파 대사 이토 히로부미였어요.

"어서 조약 체결에 찬성하시오!"

이토 히로부미는 대신들을 협박해 강제로 조약을 체결했어요.

고종의 허락도 없이 이렇게 날강도처럼 체결한 조약이 바로 을사늑약이에요. 을사늑약은 다섯 개 조항으로 되어 있어요. 그중 가장 핵심적인 조항인 제2조를 살펴볼게요.

"한국 정부는 앞으로 일본 정부의 중개를 거치지 않고는 국제적 성질을 가진 어떤 조약이나 약속도 하지 않기로 약속한다."

여기서 '국제적인 성질을 가진 어떤 조약이나 약속'이란 무엇일까요? 바로 외교를 뜻해요. 일본의 중재를 거친다는 건, 일본을 통하지 않고서는 어떤 나라와도 교류할 수 없단 얘기예요. 한마디로 외교권 박탈! 일본은 조약 체결 후 대한 제국 안에 있는 외국 공사관을 모두 없앴고, 외국에 있는 대한 제국의 공사관도 모두 철수시켰어요.

 HTX VIP 보태기

외교권 박탈의 의미
외교권을 빼앗긴다는 것은 다른 나라와의 모든 교섭 권리를 박탈당한다는 의미예요. 위급한 상황에서 국제 사회의 어떠한 도움도 기대할 수 없게 된 것이지요. 대한 제국은 일본의 속국이 된 것이나 마찬가지였어요. 이로써 일본은 조선 침략의 목표 달성을 코앞에 두게 됐어요.

백성들은 을사늑약이 체결됐다는 소식을 듣고 크게 반발했어요. 을사늑약의 체결은 무효라며 전국에서 항일 운동이 일어났지요. 이것이 을사의병이에요. 을사의병은 신돌석을 비롯해 평민 출신의 의병장이 많았어요. 유생 출신이 많았던 을미 의병에서 시작된 항일 운동이 을사의병 때부터는 신분을 초월해 전개되기 시작한 거예요.

을사의병의 항쟁이 계속되는 동안 고종도 움직였어요. 고종은 을사늑약이 무효임을 국제 사회에 알리기 위해 애썼어요. 하지만 별다른 성과가 없었어요. 그러다 고종은 1907년 6월에 네덜란드의 헤이그에서 제2회 만국 평화 회의가 열린다는 걸 알게 되었어요.

"이 회의에 특사를 파견해서 을사늑약이 무효란 걸 알려야겠어."

신돌석 →

신돌석은 대한 제국 최초의 평민 출신 의병장이에요.

의병들은 나를 따르라!

우아! 목소리 쩌렁쩌렁해!

67

↑ 헤이그 특사 이동 경로

고종은 비밀리에 헤이그 특사를 파견했어요. 대한 제국에 있었던 이준은 4월 22일 한양에서 출발해 러시아 블라디보스토크에서 이상설을 만나고, 기차로 함께 상트페테르부르크에 가

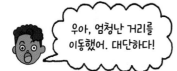

우아, 엄청난 거리를 이동했어. 대단하다!

서 이위종과 합세했어요. 그렇게 세 사람은 6월 25일 네덜란드 헤이그에 도착했어요.

헤이그 특사는 두 달의 장정을 했지만, 일본의 방해로 만국 평화 회의가 열리는 회의장에 들어가지 못했어요. 하지만 서양 나라들에 일제에 의해 강제 체결된 을사늑약의 불법성을 폭로하고 한국의 주권 회복을 주장하는 기자 회견을 했어요. 이를 통해 일본의 만행을 조금이나마 세상에 알릴 수 있었어요.

헤이그 특사는 큰 효과를 거두지 못했어요. 하지만 일본은 헤이그 특사 사건을 트집 잡아 고종을 강제로 퇴위시키고 고종의 아들 순종을 대한 제국의 2대 황제로 즉위시켰어요. 그러고는 대한 제국 군대까지 해산시켰지요.

대한 제국은 그야말로 바람 앞의 촛불처럼 언제 일본에 스러질지 모르는 위태로운 처지가 되었어요. 일본이 해산시킨 대한 제국의 군대가 의병으로 합세해 정미의병이 일어났지만, 일본은 이미 왕까지 갈아치울 정도로 영향력이 극대화됐어요. 그렇게 우리나라를 식민지화할 일본의 계획이 완성 단계에 접어들고 있었어요.

조선이 통째로 넘어간 한일 병합 조약

을사늑약을 체결하고 약 5년이 지난 1910년 경술년 8월 22일, 오후 1시! 적막만이 감돌았던 창덕궁 대조전에 누군가의 목소리가 울려 퍼졌어요.

"일본과 대한 제국의 병합은 불가피합니다."

목소리의 주인공은 친일파 이완용이었어요. 그는 한일 병합 즉, 대한 제국을 일본에 귀속시키겠다는 내용이 담긴 문서를 순종 앞에 들이밀었어요. 문서의 내용을 한번 볼까요?

> 제1조. 한국 황제 폐하는 한국 정부에 관한 일체의 통치권을 완전, 또 영구히 일본 황제 폐하에게 양여한다.
> 제2조. 일본국 황제 폐하는 앞 조항에 게재한 양여를 수락하고 완전히 한국을 일본 제국에 병합함을 승낙한다.

한 나라의 통치권은 누가 뭐래도 그 나라의 것이에요. 그 어떤 나라도 자기 나라의 통치권을 '완전, 또 영구히' 다른 나라에 스스로 넘기는 일은 없지요. 그런데 친일파 이완용이 그런 일을 한 거예요! 순종은 눈앞에 놓인 문서를 보고 눈을 질끈 감았어요. 그리고 오랜 침묵 뒤 이렇게 말했어요.

"모든 신하가 좋다고 하면, 짐도 이의가 없다."

결국 한일 병합 조약이 체결되었어요. 경술년에 당한 나라의 수치! 나라에 씻을 수 없는 치욕이라 해서 '경술국치'라고 해요. 국권 피탈을 뜻하지요. 조선 왕조 518년의 역사가 일본에 의해 사라지는 순간이었지요.

일본은 한일 병합 조약의 체결 사실을 바로 알리지 않았어요. 한국인들이 알면 크게 반발할 것을 짐작했기 때문이죠. 이미 을사의병, 정미의병을 경험했던 터라 이번에는 머리를 쓴 거예요.

일본은 조약을 체결한 다음 날부터 전국 곳곳에서 수천 명의 항일 인사들을 체포했어요. 그리고 한양 거리에 일본 헌병과 경찰을 배치한 상태에서 한일 병합 조약 체결 사실을 순종의 칙유*로 공포했어요. 바로 1910년 8월 29일의 일이었지요. 그날 한양 거리는 쥐 죽은 듯 조용했어요. 항거할 사람들을 모두 제거했으니 그럴 수밖에요.

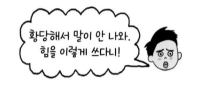

칙유
임금이 직접 한 말이나 명령.

황당해서 말이 안 나와.
힘을 이렇게 쓰다니!

1876년 강화도 조약을 시작으로 조선에서 영향력을 야금야금 넓혀 온 일본! 그들이 조선을 식민지로 만드는 데는 40년이 채 안 됐어요. 특히 을사늑약을 체결한 뒤에는 순식간에 진행됐지요. 이때 결정적인 역할을 한 사람이 있어요. 바로 이완용이었지요. 나라를 팔아먹은 이완용은 대체 어떤 사람이었을까요?

고종이 아꼈던 **친미파 신하**

옛날에는 이 근처에 육영 공원이 있었어요.

쌤, 갑자기 왜 서울 시립 미술관에 왔어요?

미술관에 유물이 있나?

이곳은 1886년 9월 23일에 문을 연 우리나라 최초의 근대 교육 기관인 육영 공원이에요. 한자로 기를 육(育), 꽃부리 영(英) 자를 써 꽃을 기르듯 영재를 기르는 공립 학교란 뜻이에요.

"어리고 똑똑한 자를 뽑아 외교에 필요한 외국어, 특히 영어를 가르치라."

고종은 서양 문물을 받아들이면서 서양과 교류하려면 영어를 할 수 있는 인재가 필요하다고 생각했어요. 그래서 육영 공원을 세우고 호머 헐버트 등 미국인 교사 세 명을 초빙해서 영어를 가르치고, 외교에 필요한 각국의 역사, 정치, 경제, 문화 등을 가르쳤지요. 육영 공원을 나온 인재 중 한 명이 이완용이에요. 엘리트였던 이완용은 어떻게 해서 매국노가 됐는지 벌거벗겨 볼게요.

이완용은 육영 공원의 학생이었어요.

이완용의 젊은 시절 모습?

주미 공사 수행원으로 미국에 간 이완용

이완용은 어릴 때 말수가 적고 앞에 나서기를 별로 좋아하지 않는 아이였어요. 하지만 눈치가 굉장히 빨랐고, 어떤 일을 해야 할 때는 무슨 수를 써서라도 해냈다고 해요. 꼼꼼한 성격으로 공부도 곧잘 해 시험도 잘 치렀고요. 이완용은 스물다섯 살이던 1882년 과거에 급제해 벼슬길에 올랐어요. 이해에 조선은 미국과 조미 수호 통상 조약*을 맺었어요.

조미 수호 통상 조약
우리나라와 미국 사이에 수호와 통상을 목적으로 맺은 조약으로, 구미 제국과 맺은 최초의 조약.

미국은 1866년 제너럴셔먼호를 보내 조선의 문을 열려고 했지만 흥선 대원군의 통상 수교 거부 정책에 가로막혔어요. 이후 미국은 쭉 기회를 노렸어요. 미국은 조선과 외교 관계를 맺으면 아시아에 진출할 길이 열리고, 러시아의 세력 확장을 막을 수 있다고 생각했거든요. 그러다 1876년 조선이 일본과 강화도 조약을 맺자 적극적으로 조선에 접근했어요.

한반도는 예나 지금이나 미국에게 중요한 곳이었구나.

고종도 미국을 좋게 보았어요. 미국이 조선의 개화뿐 아니라 청에게서 벗어나는 데 도움을 줄 거라 보았지요. 당시는 청이 임오군란과 갑신정변을 수습해 준 대가로 내정 간섭을 할 때

였거든요. 고종은 미국과 조약을 체결했고, 한양에 미국 공사관이 세워졌어요. 그리고 4년 뒤인 1886년 미국인 교사를 초빙해 육영 공원의 문을 열었어요. 이때 이완용이 입학했어요.

이완용은 고종이 미국과 친하게 지내고 싶어 한다는 걸 알아챘어요. 이완용은 영어를 잘해서 미국과 소통을 잘하는 사람이 되면 고종의 눈에 들어 출세할 길이 열릴 거라고 믿었어요. 그래서 그 누구보다 열심히 공부했지요.

이완용이 육영 공원에 입학하고 채 1년이 되지 않아 좋은 기회가 찾아왔어요. 바로 미국에 가게 된 거예요. 이완용이 미국에 세울 조선 공사관 관원으로 선발된 것이지요.

1888년 1월 초, 이완용은 초대 주미 조선 전권 공사 박정양을 수행하는 관원으로 태평양을 건너 미국에 도착했어요.

↑ 미국 잡지에 실린 백악관을 방문한 조선 공사관 일행을 묘사한 그림

공사관 일행은 워싱턴에 자리잡고 외교 활동을 시작했어요.

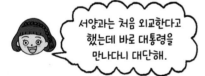
서양과는 처음 외교한다고 했는데 바로 대통령을 만나다니 대단해.

백악관을 방문해 당시 미국 대통령 클리블랜드를 만났고, 28개국 공사들과도 접촉했지요.

박정양이 미국에서 활발하게 외교 활동을 할 때였어요. 갑자기 조선에서 날벼락 같은 명령이 떨어졌어요.

"주미 조선 전권 공사 박정양은 당장 귀국하라."

고종은 왜 이런 명령을 내렸을까요? 바로 청 때문이었어요. 청은 미국과 외교를 하는 조선에게 '주요 외교 사항이 있을 때

항상 청 공사의 지시를 따른다'라는 조건을 달았어요. 그런데 박정양이 이 조건을 따르지 않고 독자적으로 행동했다며 불호령을 내린 거였어요.

고종은 하는 수 없이 박정양을 조선으로 불러들였어요. 이일은 이완용한테 절호의 기회가 됐어요. 비어 있는 전권 공사 자리를 이완용이 차지하게 되었거든요.

"좋은 기회야! 미국과의 관계를 내가 잘 다져 놓는다면, 전하의 눈에 단번에 들 수 있을 거야."

이완용은 2년 동안 전권 공사 대리로 일했어요. 영어 실력은 하루가 다르게 늘었고, 미국 인사들과 돈독한 사이가 됐지요. 미국에서의 경험은 이완용의 삶을 완전히 바꿔 놓았어요.

고종의 총애를 받은 신하

1890년 10월, 이완용은 공사직을 마치고 조선에 돌아왔어요. 조선 조정은 대미 외교의 일인자이자 대표적인 친미파 인물이 되어 돌아온 그를 환대했지요.

고종 또한 이완용을 무척 아꼈어요. 열강의 간섭에서 벗어나고 싶었던 고종한테 미국 사정에 밝은 친미파 이완용은 꼭 필요한 존재였어요. 이완용을 오늘날로 치면 대통령 비서실인 승정원에 두고, 초고속 승진까지 시켜 주었지요.

"짐은 이제 그대만 믿겠소!"

"죽는 날까지 전하께 충성을 다하겠습니다!"

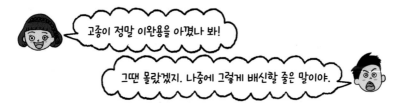

고종이 정말 이완용을 아꼈나 봐!

그땐 몰랐겠지. 나중에 그렇게 배신할 줄은 말이야.

고종의 총애 속에 이완용은 서른네 살에 종2품 관직에 올랐어요. 가장 낮은 직책에서 종2품까지 오르는 데 보통 20~30년이 걸리는데 이완용은 6년밖에 걸리지 않았어요. 이완용은 이후 육영 공원의 책임자와 정부의 요직을 두루 거쳤어요.

그러던 1894년 청일 전쟁이 일어났어요. 약 9개월간 이어진 전쟁은 일본의 승리로 끝이 났고, 그 결과 청 대신 일본이 내정 간섭을 하려 했어요. 이에 고종은 명성 황후와 함께 러시아의 힘을 빌려 일본을 쫓아내려고 했지요. 그러자 일본은 을미사변을 일으켰어요. 명성 황후가 시해되자 고종은 경복궁에 꼼짝없이 갇혀 두려움에 떨었어요.

이때 이완용은 무얼 했을까요? 치외 법권 지역이자 관계가 돈독했던 미국 공사관으로 재빨리 피신했어요. 이완용은 친러

파까지는 아니었지만 고종과 명성 황후 곁에서 일본을 배척했기 때문에 목숨이 위태로웠지요.

이때 이완용은 친일파가 아니었구나.

미국 공사관에 있던 이완용은 목숨을 걸고 계획을 짰어요. 일본이 장악한 궁에서 고종을 구출할 작전을 계획한 거예요. 훗날 나라를 팔아먹은 매국노 이완용을 생각하면 조금 놀랍죠? 하지만 당시 이완용에게 일본은 자신이 충성을 바치는 왕인 고종을 위협하는 '적'이었어요. 적을 물리쳐야 고종에게 자기 능력을 인정받을 수 있으니까 이완용은 무슨 수를 써서라도 고종을 구하고 싶었던 거예요.

1896년 2월 11일 새벽, 이완용은 작전을 개시했어요. 궁녀들이 타는 가마 두 채가 일본군이 지키는 경복궁 영추문을 통과했어요. 가마는 그길로 달려 러시아 공사관 앞에 도착했어요. 가마에서 내린 사람은 고종과 세자인 순종이었어요.

무슨 수를 써서라도 전하를 구해야 해.

이완용이 일본의 눈을 피해 고종을 러시아 공사관으로 피신시키는 데 성공한 순간이었죠. 이 사건이 바로 아관파천이에요. 여기서 퀴즈!

Q 당시 친미파였던 이완용은
왜 미국 공사관이 아닌
러시아 공사관으로
고종을 피신시켰던 걸까요?

미국 공사관에서 거부했던 거 아닐까요?

이완용은 미국과 사이가 돈독하다고 생각했는데,
사실 미국은 그렇게 생각 안 했던 거야.
한마디로 배신당한 거지.

그렇지는 않았어요. 사실 이완용이 처음에 짰던 계획은
자신과 친분이 있는 미국 공사관으로 고종을 모시는 거였어요.
미국도 이에 대해 호의적이었고요. 하지만 사전에 구출
계획이 들켜 실패하고 말았죠.

아! 그럼 러시아 공사관에도 아는 사람이 있었던 거죠?

정답! 이완용은 러시아인들과도 친분이 있었어요.
이완용은 정동에 있었던 개화파와 서구 외교관들의
사교 모임인 '정동 구락부' 회원이었어요.
고종은 서양 열강의 힘을 빌려 일본의 침략을 막기 위해
비밀리에 정동 구락부에 힘을 실어 주고 있었어요.
이완용은 모임에서 미국, 러시아와 가까웠던 이들과 함께
고종을 러시아 공사관으로 탈출시켰어요.

작전은 성공했지만 이완용은 미국이 안 도와줘서
미국한테 실망했을 것 같아요. 혹시 그래서
나중에 친일파가 되었나요?

꼭 그런 건 아니에요. 이완용은 미국이 아니더라도
자신의 목적을 달성할 수만 있다면 어떤 외세의
힘을 빌리든 상관없었어요.

한 쌤이 이완용은 목적을 달성하기 위해 수단과 방법을
안 가린다고 했는데 정말 그랬나 봐요.

↑ 고종이 아관파천을 했던 러시아 공사관

이완용은 아관파천을 성공시킨 공으로 관료직 감투를 여러 개 받았어요. 오늘날 외교부 장관인 외부대신, 교육부 장관인 학부대신, 농림축산식품부와 산업통상자원부를 합친 기관인 농상공부 대신 직무 대리 등이었지요.

일본은 고종의 아관파천에 속이 부글부글 끓었어요. 그래서 신문에 조선 백성들이 읽을 수 있는 한글로 이런 주장을 담은 기사를 냈어요.

"궁궐을 버리고 러시아한테 보호를 요청한 무능한 국왕은 폐위해야 한다!"

백성들은 기사를 보고 불안해했어요. 왕이 러시아 공사관에 안전을 부탁할 정도라면 백성은 더욱 안전하지 못하다는 얘기니까요. 일본은 백성들을 동요시켜 고종을 압박하려는 의도였지요.

고종은 민심을 달래는 일을 이완용에게 맡겼어요. 이완용은 일본이 낸 선동 기사를 실어 준 신문사에 경고하고, 일본 공사에게는 다시는 이런 기사를 내지 말라고 했지요. 그런 이완용을 고종은 더욱 더 신뢰했어요.

> 이완용은 이렇게까지 고종을 위했는데, 어쩌다 친일파가 된 거지?

정계에서 쫓겨난 이완용

"독립을 하면 미국처럼 부강한 나라가 될 것이며, 만일 조선 인민이 단결하지 못하고 서로 싸우거나 해치려고 하면 구라파(유럽)의 폴란드라는 나라처럼 남의 종이 될 것이다. 이는 사람 하기에 달려 있다. 조선은 미국같이 되기를 바란다."

1896년 독립 협회*의 독립문 건립 기념식에서 한 연사가 했던 연설이에요. 조선의 독립과 부강함을 꿈꾸는 이 연설을 한 사람은 누구였을까요? 바로 이완용이었어요.

> **독립 협회**
> 1896년 서재필, 이상재, 윤치호 등이 자주독립과 내정 개혁을 위해 조직한 단체로, 독립신문을 발간하고 독립문을 건립했다.

이완용은 이때까지만 해도 일본을 배척하고 독립을 주장하는 애국심을 가진 인물이자 고종의 충직한 신하로 이름이 높았어요. 하지만 이완용은 만족하지 않았어요. 더 성공하겠다는 욕심을 냈어요. 그러다 고종과의 사이에 금이 가는 일이 생겼어요.

아관파천 이후 러시아는 고종을 보호해 준 대가로 이권을 요구했어요. 고종은 이완용에게 러시아한테 두 곳의 금광 및 석탄 채굴권을 주라고 명령했어요. 그러자 이완용이 이렇게 말했어요.

"전하, 채굴권은 미국과도 협상 중이옵니다. 러시아에는 한 곳만 주소서. 그래야 외교적 마찰을 피할 수 있사옵니다."

고종은 일단 이완용의 의견대로 했는데 이후에도 외국에 이권을 주는 문제로 부딪쳤어요. 이완용은 왕의 명령을 따르기보다 자신의 의견을 내세우는 신하가 되어 갔어요. 그런 이완용에게 고종은 신뢰를 거두기 시작했지요.

어느 날 고종이 이완용에게 말했어요.

"러시아의 내정 간섭과 압박이 날로 더해지고 있네. 러시아를 견제해야겠어. 자네가 미국에 도움을 청해 볼 수 있겠나?"

"전하, 그렇다면 미국에도 이권을 좀 주시지요."

고종은 미국에 각종 이권을 헐값에 넘겼어요. 하지만 미국은 자기 잇속만 차리고 도움을 주지 않았어요. 러시아와 부딪치고 싶지 않아서였죠.

한반도에서 이권을 챙긴 열강들

러시아가 고종을 보호해 준다는 명목으로 갖가지 이권을 챙겨 가자, 서구 열강인 미국, 영국, 프랑스도 가만히 있지 않았어요. 조선은 개항한 이후 어떤 나라에 어떤 이권을 넘겼는지 살펴볼까요?

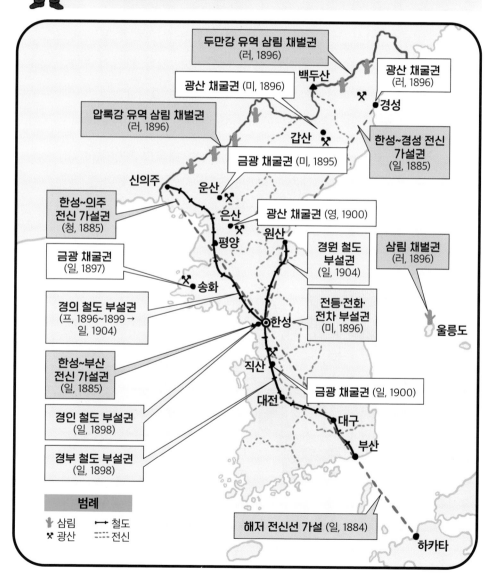

두만강 유역 삼림 채벌권
(러, 1896)

광산 채굴권 (미, 1896)

광산 채굴권
(러, 1896)

압록강 유역 삼림 채벌권
(러, 1896)

백두산

경성

한성~경성 전신
가설권
(일, 1885)

갑산

금광 채굴권 (미, 1895)

신의주

운산

한성~의주
전신 가설권
(청, 1885)

은산

광산 채굴권 (영, 1900)

금광 채굴권
(일, 1897)

평양

원산

경원 철도
부설권
(일, 1904)

삼림 채벌권
(러, 1896)

송화

경의 철도 부설권
(프, 1896~1899 →
일, 1904)

전등·전화·
전차 부설권
(미, 1896)

울릉도

한성

한성~부산
전신 가설권
(일, 1885)

직산

경인 철도 부설권
(일, 1898)

대전

금광 채굴권 (일, 1900)

경부 철도 부설권
(일, 1898)

대구

부산

범례

⚑ 삼림　→ 철도
⚒ 광산　⋯⋯ 전신

해저 전신선 가설 (일, 1884)

하카타

한편 러시아는 친미파인 이완용이 몹시 못마땅했어요. 러시아는 고종에게 이완용을 멀리하라고 눈치를 줬어요.

"이완용은 친미파 하수인일 뿐이오. 우리는 그가 조선의 정치에 관여하지 않길 바라오."

고종은 러시아의 압박에 못 이겨 이완용을 미국에 도움을 요청하는 데 실패한 책임을 물어 내쳤어요. 평남 관찰사에서 나중에는 더 먼 지역인 전북 관찰사로 내려보냈지요.

이완용이 전북 관찰사로 있던 1898년 어느 날, 신문에 이완용의 비리를 고발하는 기사가 실렸어요. 이완용이 사리사욕을 채우려고 나라의 이권을 팔아먹는 파렴치한 짓을 했다는 거였죠. 이 일로 이완용은 독립 협회에서 제명됐고, 애국심을 가

진 인물이라는 이미지가 벗겨졌어요.

이완용의 추락은 이게 끝이 아니었어요. 이완용이 전북 관찰사로 있는 동안 세금 20만 냥을 횡령하고, 불법으로 부동산을 사들였다는 고발 기사도 났어요. 이완용은 모든 관직에서 쫓겨났고, 사회적 명망도 땅에 떨어지고 말았어요.

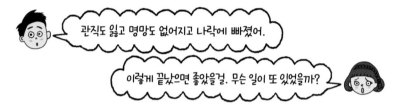

관직도 잃고 명망도 없어지고 나락에 빠졌어.

이렇게 끝났으면 좋았을걸. 무슨 일이 또 있었을까?

출세해서 성공하겠다는 꿈이 꺾였지만 이완용은 포기하지 않았어요. 어떻게든 다시 일어서겠다는 마음으로 기회를 기다렸지요. 그러던 1904년 2월! 한반도는 물론 세계 역사를 뒤바꿔 놓은 전쟁이 벌어졌어요. 바로 러일 전쟁이에요.

잠깐 러일 전쟁이 시작되기 전 상황을 살펴볼게요. 고종은 아관파천을 끝내고 궁궐로 돌아온 뒤 대한 제국을 선포했어요. 러시아는 대한 제국에도 영향력을 발휘했어요. 이때 일본은 무엇을 하고 있었을까요?

일본은 한반도 침략의 길목마다 걸림돌을 놓는 러시아에 대한 화를 참으며 힘을 키웠어요. 일본은 엄청난 예산을 쏟아부으며 러시아와 한판 겨룰 준비를 단단히 하고 있었지요.

아관파천 이후 8년, 일본은 전쟁을 위한 모든 준비를 마쳤어요. 하지만 러시아는 세계 최강 군사 대국! 결코 만만한 상대가 아니었죠. 일본은 선전 포고를 하기 앞서 덕수궁을 무력점령했어요. 청일 전쟁에 앞서 경복궁을 침탈한 것과 똑같은 방식이었죠.

일본은 고종을 사로잡고 친일파 정부를 세운 다음, 러시아 함대를 공격해 전쟁을 시작했어요. 러일 전쟁으로 인해 한반도는 또다시 전쟁터로 변하고 말았지요.

HTX VIP 보태기

러시아와 일본의 전쟁터가 된 한반도

일본은 청일 전쟁 전부터 한반도를 발판 삼아 중국 만주를 침략할 계획을 세웠어요. 러시아는 태평양 진출을 꿈꾸며 동아시아에 진출했고, 전략적으로 조선을 넘보았어요. 대륙 진출과 태평양 진출을 각각 추진하는 두 나라는 만주와 한반도를 두고 대립할 수밖에 없었어요. 그러다 결국 한반도에서 두 나라가 전쟁을 벌이게 된 것이지요.

러일 전쟁이 한창이던 1904년 11월, 고종은 정계에서 완전히 밀려났던 이완용을 다시 불러들였어요. 러일 전쟁의 위기를 벗어나고자 친미파인 이완용을 다시 찾은 거예요. 이완용을 궁내부 특진관, 오늘날로 치면 대통령 비서

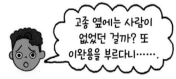

고종 옆에는 사람이 없었던 걸까? 또 이완용을 부르다니……

실 보좌관으로 임명해서 미국의 도움을 받고자 했지요.

　다시 기회를 잡은 이완용은 이때 '이제는 내 세상이 왔다!'
고 생각했을 거예요. 그러나 3개월 만에 해임돼요. 아관파천
을 주도했던 과거 때문이었죠. 친일파들은 이완용이 친미·친
러파라고 생각해서 견제했고, 고종을 압박해서 이완용을 내쫓
았어요. 이렇게 친일파의 견제 대상이었던 이완용은 어떻게
해서 친일파 매국노의 대표 주자로 변신했을까요?

친일파가 되어 돌아온 이완용

　일본은 러시아를 상대로 여러 전투에서 승리를 거뒀어요. 전
쟁이 막바지에 이르자 곧 미국의 중재로 강화 협상을 할 거라
는 소문이 고종의 귀에도 들려왔어요. 고종은 측근을 동원해
미국에게 도와달라고 요청했어요.

　1882년 조미 수호 통상 조약을 맺었던 것 기억하나요? 이 조
약에는 제3국이 한쪽 나라에 부당하고 억압적으로 행동하면
두 나라가 서로 돕고 중재에 나선다는 내용이 있었어요. 고종
은 이 조약을 들어 계속해서 미국에게 나서 달라고 했던 거지
요. 하지만 미국은 고종의 요청을 들어주지 않았어요.

미국은 러시아의 태평양 진출을 견제하고 싶었어요. 그래서 1905년 7월 비밀리에 일본과 가쓰라·태프트 협약을 맺었어요. 미국은 이 비밀 협약에서 대한 제국에 관한 문제에 개입하지 않겠다고 일본에 약속했어요. 한반도에서 발을 빼겠다는 거였죠.

러일 전쟁은 일본이 승기를 잡은 상태에서 1905년 9월 5일 포츠머스 조약을 맺으며 끝이 났어요. 조약의 제1항에서 러시

↑ 일본 총리 가쓰라 다로   ↑ 미국 육군 장관 윌리엄 태프트

친미파 이완용이 깜짝 놀랐겠다!

일본과 미국이 손을 잡다니!

비밀 협약의 이름은 두 사람의 이름을 딴 거예요.

아는 일본이 대한 제국에서 정치·경제·군사적 우월권이 있다고 승인했어요. 한마디로 일본의 한반도 지배권을 인정한 거예요.

러시아가 물러나고 미국이 발을 뺀 대한 제국은 일본 세상이 됐어요. 대한 제국은 더 이상 힘을 빌릴 나라가 없었어요. 이때 이완용은 무엇을 하고 있었을까요?

"폐하만 바라보고 친미파로 남아서는 성공할 수 없겠어."

이완용은 은밀하게 누군가를 찾아갔어요. 자신과 함께 주미 공사관에서 일했던 동료이자 일찍이 친일파로 돌아선 법무대신 이하영이었어요.

"일본 공사관에 다리 좀 놓아 주십시오."

이하영은 이완용의 부탁을 들어줬어요. 이완용은 일본 공사관의 추천을 받아 9월 18일에 학부대신으로 임명돼요. 대신의 자리에서 밀려난 지 무려 9년 만이었지요. 친미파였던 이완용은 이제 완벽하게 친일파로 변신했어요.

4장

나라를 팔아먹은 매국노 이완용

친일 매국노가 된 **이완용**

이곳은 덕수궁 중명전이에요. 이곳에서 우리나라의 비극이 시작됐어요.

벌써부터 분위기가 살벌해.

을사늑약이 체결이 된 건가요?

우리는 지금 1905년 11월 17일 덕수궁 중명전에 왔어요. 우리나라는 이곳에서 일본에 나라를 빼앗겼지요. 일본이 러일전쟁에서 승리한 지 2개월이 지난 11월 초 일왕이 보낸 특파대사가 한양에 도착했어요. 바로 이토 히로부미였어요.

이토 히로부미가 한양에 온 이유는 조약을 체결하기 위해서였어요. 대한 제국의 외교권을 일본이 차지한다는 조약, 을사늑약이었지요. 일본은 이 조약을 통해 대한 제국을 식민지로 만들겠다는 야욕을 실행에 옮기려고 했어요.

친일파로 변신한 이완용은 한일 병탄의 계획을 갖고 들어온 이토 히로부미를 적극 도왔어요. 이완용이 일본의 눈에 들기 위해 을사늑약 체결에 누구보다 앞장섰던 그날로 가 볼까요?

이토 히로부미 ↑

고종을 배신한 신하

1905년 11월 10일, 이토 히로부미는 대한 제국 황실에 일본 왕의 친서를 전하며 고종을 만나고 싶다고 했어요. 친서에는 동양의 평화, 조선 황실의 안녕을 위해 대한 제국의 외교는 앞으로 일본이 맡겠다는 내용이 적혀 있었지요. 고종은 친서를 읽고 화가 나서 이렇게 말했어요.

"외교권을 내놓으라는 말이 아닌가? 황당무계하고 무례하도다. 이토 히로부미와는 만나지 않겠다!"

고종은 이토 히로부미가 계속해서 만남을 요청해도 응하지 않았어요. 하지만 친일파 대신들이 끈질기게 설득하는 통에

닷새 뒤인 11월 15일에 만남을 가졌어요.

이토 히로부미는 그 자리에서 문서 하나를 고종에게 내밀었어요. 을사늑약 문서였지요. 이토 히로부미는 고종에게 조약 문서에 도장을 찍으라고 강요했어요.

"외교권을 내어 준다는 건 우리가 일본의 보호국이 된다는 말과 같지 않은가. 절대 도장을 찍어 줄 수 없소."

"도장을 찍든 거부하든 마음대로 하십시오. 그러나 만일 거부한다면, 뒷일을 감당하셔야 할 겁니다."

이토 히로부미는 조약 체결을 거부하면 더 나쁜 상황이 올 거라고 으름장을 놓았어요. 마치 보복을 예고하는 듯했죠. 그래도 고종은 완강했어요. 오후 두 시부터 시작된 만남은 다섯 시가 넘도록 끝나지 않았어요. 무려 세 시간 넘게 이토 히로부미와 고종이 대립을 한 거예요.

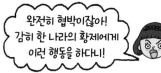

완전히 협박이잖아! 감히 한 나라의 황제에게 이런 행동을 하다니!

이토 히로부미는 결국 고종에게 원하는 답을 듣지 못한 채 돌아갔어요. 고종은 조약 체결을 거부했지만, 이토 히로부미의 협박에 위기감을 느끼지 않을 수 없었어요. 실제로 일본군이 이미 궁 주변을 포위하듯 에워싸고 있기도 했고요.

공포스러운 분위기 속에 11월 17일

분위기가 살벌해 모두 겁먹었을 거야.

저녁 일곱 시쯤 고종에게 대신들이 찾아왔어요. 조약 체결을 어찌할지 회의를 하자는 거였지요. 이때 어전 회의를 주도한 대신은 이완용이었어요. 이완용은 을사늑약을 체결하겠다는 쪽으로 의견이 모이길 바랐어요. 하지만 결과는 정반대였어요.

"조약을 절대 맺지 않는다."

이때만 해도 부끄러운 줄은 알았나 봐.

이완용은 내키지 않았지만 티 낼 수 없었어요. 대신들이 모두 고종 앞에서 조약 체결 반대를 다짐하며 외치는데 혼자 찬성한다고 나서긴 곤란했던 거죠.

어전 회의의 결과는 이토 히로부미의 귀에 금방 들어갔어요. 이토 히로부미는 당장 고종에게 만나고 싶다고 했지요.

"짐은 지금 몸이 아프다. 이미 대신들에게 조약의 내용을 협의하라 일러두었으니, 대신들과 처리하기를 바란다."

고종은 아프다는 핑계를 대며 이토 히로부미를 만나 주지 않았어요. 왜 그랬을까? 고종은 조약을

↑ 고종 황제

96

미룰 수 있는 한 최대한 미루려고 했던 거예요. 이토 히로부미는 고종의 생각을 눈치채고 결심했어요.

"더는 못 기다려. 오늘 안에 조약을 체결해 버리고 말겠어!"

이토 히로부미는 곧바로 대신들이 있는 덕수궁 중명전으로 군사들을 이끌고 쳐들어갔어요.

을사늑약에 찬성한 대신들

"한 사람도 못 빠져나간다!"

1905년 11월 17일 밤, 중명전에 들이닥친 일본군은 대한 제국의 대신들을 회의실에 가두었어요. 대신들이 총칼로 무장한 일본군에 공포감을 느끼고 있을 때, 밖에서 발소리가 났어요. 이윽고 이토 히로부미가 일본 공사와 함께 문을 열고 들어왔어요.

이토 히로부미는 여덟 명의 대신들을 쭉 둘러보았어요. 대신들은 살벌한 분위기에 움찔했어요. 식은땀을 흘리는 대신도 있었지요. 이토 히로부미는 의자에 앉더니 이렇게 물었어요.

"그대들은 황제와의 회의에서 조약에 찬성한다고 했는가? 반대한다고 했는가? 한 명 한 명 대답해 보시오."

먼저 참정대신 한규설이 단호히 말했어요.

"나는 반대라고 말했소!"

"나도 그렇소."

탁지부대신 민영기도 반대 의사를 밝혔어요. 그러자 이토 히로부미가 눈살을 찌푸리며 다른 대신들을 쏘아봤어요.

"우리의 외교가 부족했으니, 누구도 탓하지 않겠소."

법부대신 이하영은 정확히 의사를 밝히지 않고 어물쩍댔어

요. 외부대신 박제순은 한참 뜸을 들이다 입을 열었어요.

"어찌 감히 찬성한다고 할 수 있겠는가? 하지만 명령이 내려진다면 어찌할 수 없지 않은가……."

네 명이 답변한 가운데 강력한 반대가 둘인 상황, 이토 히로부미의 표정이 점점 험악해졌어요. 이때 이완용이 나섰어요.

"지금 나라의 힘이 약하니, 일본을 믿고 의지하는 것 말고는 방책이 없습니다. 나는 체결하는 것이 좋다고 생각하오!"

이완용은 이토 히로부미 앞에서 적극적으로 찬성의 뜻을 밝혔어요. 이토 히로부미의 얼굴에 잠시 화색이 돌았죠.

"나머지 대신들도 말해 보시오."

군부대신 이근택, 내부대신 이지용, 농상공부 대신 권중현은 이완용과 같은 뜻이라고 대답했어요. 결국 이토 히로부미는 여덟 명 가운데 다섯 명이 찬성했다면서 조약을 바로 통과시켰어요. 이로써 대한 제국은 외교권을 박탈당하고 말았지요.

HTX VIP 보태기

고종 없이 대신들의 다수결 찬성으로 체결된 을사늑약

이토 히로부미는 대한 제국의 황제가 조약에 관한 일을 대신들한테 맡겼으니 조약 체결에 문제가 없다고 주장했어요. 하지만 대한 제국의 모든 일은 황제에게 결정 권한이 있어요. 고종 없이 체결된 조약은 무효인 것이죠. 하지만 일본은 거리낌 없이 조약 체결을 선포해 버렸어요.

을사늑약에 찬성한 다섯 명의 대신을 을사오적이라고 불러요. 이완용, 이근택, 이지용, 권중현, 박제순이에요. 을사늑약에 반대했던 민영기도, 말끝을 흐렸던 이하영도 결국에는 친일파가 되었어요. 을사늑약에 반대하고 끝까지 일본에 항거한 대신은 한규설뿐이었어요.

이완용

이근택

이지용

권중현

박제순

나라를 팔아 버린 도적들!

주먹이 운다. 을사오적! 똑똑히 기억해야지!

고종을 끌어내린 역적

1905년 11월 20일, 을사늑약이 체결됐다는 사실이 백성들에게 알려졌어요. 이날 황성신문에는 언론인 장지연이 쓴 '시일야방성대곡'이란 제목의 글이 실렸어요.

저 개돼지만도 못한 소위 우리 정부의 대신이란 자들은
자기 일신의 영달과 이익이나 바라면서
위협에 겁먹어 머뭇대거나 벌벌 떨며
나라를 팔아먹는 도적이 되기를 감수했던 것이다!
원통하고 원통하다. 동포여! 동포여!

이 글은 백성들의 분노에 불을 지폈어요. 백성들은 조약을 파기하라고 외치며 궁으로 몰려들었어요. 을사오적을 처벌하라는 상소도 빗발쳤어요. 하지만 이완용은 대수롭지 않은 듯 이렇게 말했어요.

"조약의 취지를 이해하지 못한 어리석은 자들의 헛된 말입니다. 잠깐 이웃 나라에 외교를 맡긴 것뿐, 나라가 부강해지면 돌려받으면 됩니다."

을사늑약 체결을 선언한 일본은 이듬해에 조선을 통제할

통감부를 설치했고, 이토 히로부미가 초대 통감이 됐어요. 이토 히로부미는 을사늑약 체결에 앞장섰던 이완용을 살뜰히 챙겼어요. 이완용을 새 내각의 우두머리인 총리대신으로 앉혔죠.

이완용에게 이토 히로부미는 성공을 위해 잡아야 할 동아줄이었어요. 이완용은 이토 히로부미가 대한 제국에 온 이유를 누구보다 잘 알았어요. 그래서 이토 히로부미에게 이렇게 맹세했어요.

"대한 제국을 일본에 병합시키는 데 충성을 다하겠습니다."

이토 히로부미의 마음에 들기 위해 나라를 갖다 바치겠다고 맹세한 거예요. 이후 이완용은 이토 히로부미가 헤이그에 특사를 파견한 고종을 거슬려 하자 득달같이 고종에게 달려갔어요.

"황제 자리에서 물러나 일본으로 가서 일본 왕에게 직접 사과하십시오!"

한때 자신이 아꼈던 신하 이완용의 오만불손한 모습에 고종은 노여움을 감출 수 없었어요. 당연히 그럴 수 없다고 했죠. 그러자 이완용이 소리쳤어요.

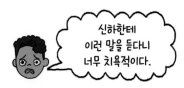

신하한테 이런 말을 듣다니 너무 치욕적이다.

"폐하께서는 지금이 어떤 세상이라고 생각하고 계십니까!"

고종은 몸이 부들부들 떨렸지만 할

수 있는 일이 없었어요. 결국 1907년 7월 20일 고종은 아들 순종에게 황위를 넘겼어요. 고종 폐위까지 주도한 이완용은 더 이상 거칠 것이 없었어요. 이완용은 며칠 후 일본이 이토 히로부미를 통해 내민 협약서를 보고 이렇게 말했어요.

"대한 제국의 전권을 가진 책임자는 저입니다. 제가 도장을 찍겠습니다."

이완용은 정미 7조약이라 부르는 한일 신협약*을 마음대로 체결했어요. 이 조약으로 일본은 공식적으로 대한 제국의 외교뿐 아니라 내정까지 마음대로 할 수 있게 됐어요.

> **한일 신협약**
> 대한 제국의 입법·행정·고위직 임명 등에 관한 일을 통감이 지휘한다는 내용이다.

들불처럼 일어난 항일 운동

고종이 강제 퇴위하고, 한일 신협약까지 체결되자 의병이 일어났어요. 1907년 정미년에 일어났다고 해서 정미의병이라 하지요. 해산된 대한 제국 군대의 군인들이 합세한 정미의병은 1910년까지 항쟁을 계속했어요. 그러다 일본의 탄압이 거세지자 만주와 연해주 등으로 가서 항일 투쟁을 이어 나갔어요.

전국에서 일어난 항일 의병

의병 운동은 크게 세 차례 일어났어요. 을미사변과 단발령으로 시작된 을미의병, 을사늑약으로 시작된 을사의병, 고종의 퇴위와 군대 해산으로 시작된 정미의병이에요. 우리나라 전국 곳곳에서 활약했던 의병장들을 살펴볼까요?

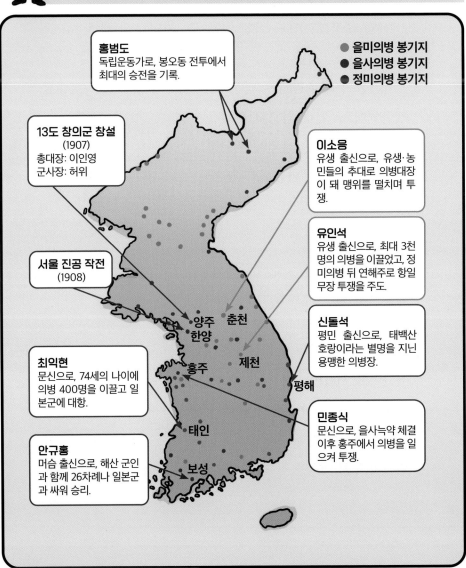

홍범도
독립운동가로, 봉오동 전투에서 최대의 승전을 기록.

● 을미의병 봉기지
● 을사의병 봉기지
● 정미의병 봉기지

13도 창의군 창설
(1907)
총대장: 이인영
군사장: 허위

서울 진공 작전
(1908)

최익현
문신으로, 74세의 나이에 의병 400명을 이끌고 일본군에 대항.

안규홍
머슴 출신으로, 해산 군인과 함께 26차례나 일본군과 싸워 승리.

이소응
유생 출신으로, 유생·농민들의 추대로 의병대장이 돼 맹위를 떨치며 투쟁.

유인석
유생 출신으로, 최대 3천명의 의병을 이끌었고, 정미의병 뒤 연해주로 항일 무장 투쟁을 주도.

신돌석
평민 출신으로, 태백산 호랑이라는 별명을 지닌 용맹한 의병장.

민종식
문신으로, 을사늑약 체결 이후 홍주에서 의병을 일으켜 투쟁.

양주
춘천
한양
홍주
제천
평해
태인
보성

항일 의병 운동이 계속되던 어느 날, 일제의 식민지 계획에 차질을 빚게 만든 두 가지 큰 사건이 일어났어요. 하나는 1909년 10월 26일, 이토 히로부미가 만주 하얼빈에서 의병장인 안중근이 쏜 총 세 발을 맞고 죽은 거예요.

안중근 ↑

안중근은 그 자리에서 일본 군에게 붙잡혀 뤼순 감옥에 갇혔어요. 안중근은 조사와 재판을 받는 내내 당당했어요.

"이토 히로부미는 대한 제국의 독립 주권을 침탈한 원흉이며 동양 평화의 교란자이므로 마땅히 처단해야 할 인물이었다."

이렇게 목소리를 높였던 안중근은 사형을 선고받았고, 1910년 3월 26일 순국했지요.

또 한 가지 사건은 이토 히로부미 사망 두 달 뒤인 12월 22일 한양에서 일어났어요. 이토 히로부미를 존경했고, 그의 죽음을 슬퍼하던 이완용에게 일어난 일이었어요.

이날 명동 성당에서는 벨기에 황제의 추도식이 열렸어요. 이완용이 추도식에 참석한 뒤 집으로 돌아갈 때였어요. 갑자기

↑ 이재명

뒤에서 웬 군밤 장수가 달려와 이완용에게 칼을 휘둘렀어요. 이완용이 쓰러지자 군밤 장수는 만세를 외치고 이렇게 말했어요.

"나는 모든 동포를 구하기 위해 이 거사를 행하였다. 오늘 우리 공동의 적을 없앴으니 정말 통쾌하다!"

군밤 장수의 이름은 이재명으로 겨우 스무 살인 청년이었어요. 이재명은 이완용의 죄를 벌하려 군밤 장수로 가장하고 그의 목숨을 노렸던 거예요. 하지만 이완용은 가까스로 목숨을 지탱했고, 이재명의 계획은 실패하고 말았지요.

이재명은 재판에서 판사가 배후를 묻자 이렇게 말했어요.

"우리 이천만 동포가 모두 배후다!"

판사가 증거물인 칼을 들이대며 이 칼이 범죄를 저지를 때 쓴 것이냐고 묻자 또 이렇게 말했어요.

"범죄가 아니라 매국노 이완용을 처단하는 정의를 위해 사용된 것이다."

이재명은 결국 일본에 의해 사형을 당했어요. 그는 죽기 전에 이렇게 유언을 남겼어요.

"나는 죽어 수십만 명의 이재명으로 다시 태어나 기어이 일본을 망하게 하고 말겠다!"

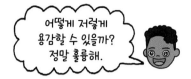

안중근, 이재명뿐이 아니에요. 을사늑약 체결에 앞장선 을사오적을 처단하자는 조직도 만들어졌어요. 이들의 활동은 을사오적뿐 아니라 다른 친일파들의 간담도 서늘하게 했지요.

한편 지식인들은 힘을 길러 자주독립을 해야 한다며 애국 계몽 운동*을 벌였어요. 대표적인 인물로 안창호가 있지요. 우리나라 사람들은 이렇듯 다양한 방법으로 일본에 저항했지만, 대한 제국을 식민지화하겠다는 일본을 막을 수는 없었어요.

> **애국 계몽 운동**
> 학교 설립, 신문 발행 따위를 통해 민족 정신을 고무하여 일본으로부터 독립하고자 한 운동.

나라를 완전히 팔아먹은 이완용

이재명의 칼을 맞은 이완용은 어떻게 되었을까요? 그는 최고의 의료진한테 수술을 받은 뒤, 요양까지 다녀왔어요. 목숨을 잃을 뻔한 사건을 겪었으니 이완용은 좀 달라졌을까요?

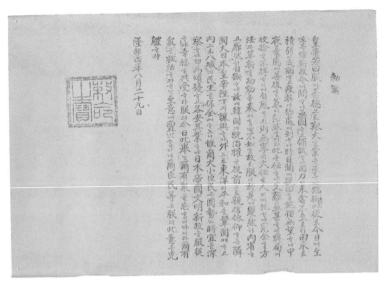

↑ 한일 병합 조약의 체결을 공포하는 순종의 칙유

그렇지 않았어요. 오히려 매국 행위에 더 열을 올렸어요.

1910년 6월, 일본에서 새로운 통감으로 데라우치 마사타케가 왔어요. 총리대신으로 복귀한 이완용은 데라우치에게 제안을 하나 했어요.

"대한 제국은 이미 무너져 스스로 일어설 힘이 없습니다. 대한 제국이 의지할 나라는 일본뿐입니다. 이건 전 세계가 인정하는 사실입니다."

도대체 이게 무슨 소릴까요? 대한 제국이 일본에 의지해야 된다는 걸 세계가 안다? 이 말은 곧 공식적으로 일본과 대한 제국을 하나로 만들자는 얘기였죠. 바로 한일 병합 조약 체결을 말하는 것이었어요. 그건 일본이 원하던 바였어요! 일본은 즉각 조약 체결 준비에 들어갔고, 1910년 8월 22일 한일 병합 조약을 체결했어요. 이완용이 순종의 위임장을 받아 조약서에 서약하고 도장을 찍었지요. 여기서 퀴즈!

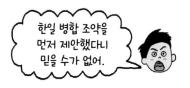

한일 병합 조약을 먼저 제안했다니 믿을 수가 없어.

Q 한일 병합 조약은 무효예요. 왜 그럴까요?

이완용이 독단적으로 체결해서 무효인가요?

독단이었지만, 그래도 순종 황제의 위임장을 받았잖아. 아, 혹시 위임장이 위조된 거예요?

순종 황제가 강압적인 분위기 속에서 위임장을 준 게
문제일 뿐, 위조된 문서는 아니에요.

순종이 조약을 거부했어요? 을사늑약이 고종의 허락 없이
강압 속에서 대신들이 체결해서 무효인 것처럼요.

비슷하긴 해요. 힌트 줄게요. 앞에 나온 순종의
칙유 사진을 다시 한 번 보세요.

어? 문서에 도장만 있고, 서명이 없어요!

정답! 순종은 한일 병합 조약 체결을 공포하는 문서인 칙유에
서명하기를 거부했어요. 서명이 없는 데다 찍혀 있는 도장도
적절하지 않았어요. 나라의 중요한 일을 정할 때 쓰는 국새가
아니라 일반적인 행정 결재용 국새인 '칙명지보'가 찍혀 있어요.
이렇게 문서상 요건도 제대로 갖추지 않아 무효인 거예요.

↑ 칙명지보

↑ 인면

훗날 일본은 이완용이 먼저 적극적으로 병합을 제안한 것에 대해 이렇게 말했어요.

"그물 속으로 물고기가 뛰어들어온 기분이었다."

이완용은 우리 역사에 매국노로 남았지만, 일본 역사에는 위대한 침략 계획에 큰 공을 세운 사람이 됐어요.

금서가 된 이순신전 ↑

경술국치 이후에도 일본은 아이들에게 어릴 때부터 일본어를 배우게 했고, 〈이순신전〉 같은 위인전을 읽지 못하게 금서로 지정했어요. 나라를 빼앗은 것도 모자라 민족의 정신까지 말살하려고 했지요.

일본을 벌벌 떨게 한 이순신 같은 영웅이 나오지 못하게 막으려고 그랬나?

죽어서도 용서받지 못한 자

나라를 판 대가로 이완용은 어떤 것을 받았을까요? 당시 일본은 한일 병합에 공이 큰 이들에게 작위와 돈을 주었어요.

을사오적의 대표적인 매국노인 이완용은 백작 작위와 돈 15만 원을 받았지요. 요즘으로 치면 30억원 이상이에요.

이완용은 나라와 민족을 판 대가로 권세와 부를 얻었지만, 사람들은 이완용을 개에 비유하며 조롱했어요. 그의 집 담벼락은 늘 온갖 욕설과 똥오줌으로 더럽혀졌지요. 사람들은 이완용의 집에 돌을 던지기도 했고, 불을 지르기도 했어요. 이완용의 매국 행위에 대한 분노가 그만큼 컸던 거예요.

이완용의 마지막은 어땠을까요? 이완용은 1926년 예순여덟 살의 나이로 세상을 떠났어요. 이재명의 칼은 폐를 찔렀고, 그 뒤 해마다 겨울철만 되면 폐렴과 가슴 통증을 앓았어요. 결국 기침이 심해지고 고열에 시달리다가 서울 종로구 옥인동 집에서 눈을 감았지요.

이완용이 죽은 뒤 한 신문에는 '무슨 낯으로 이 길을 떠나가나'라는 제목의 사설이 실렸어요.

> 팔지 못할 것을 팔아서 누리지 못할 것을 누린 자!
> 살아서 누린 것이 얼마나 대단하였는지 이제부터 받을 일.
> 이것이 진실로 기막히지 아니하랴.
> 어허, 부둥켰던 그 재물을 그만하면 내놓아야지.
> 이제부터는 영원히 벌을 받아야지.

팔아서는 안 되는 나라를 팔아서 누려서는 안 될 부귀영화를 누린 자! 죽어서 벌을 영원히 받으라는 저주였죠.

이완용은 전라북도에 있는 산에 묻혔어요. 사람들이 무덤을 파헤치거나 앙갚음을 할까 두려워 일부러 후미진 곳으로 정했지요. 그런데 정말로 그런 일이 종종 벌어져서 일본 경찰이 이완용의 무덤을 지켰다고 해요. 해방 이후로도 끊임없이

↑ 이완용

묘를 훼손하는 사건이 일어나서 결국 1979년에 후손들이 아예 무덤을 파내서 유골을 화장했다고 해요. 이완용은 살아서도 죽어서도 여전히 지금까지도 손가락질 받고 있어요.

주미 공사관에 있을 때부터 수십 년간 그를 지켜봐 왔던 윤치호는 이완용에 대해서 다음과 같이 말했어요.

"나는 이완용을 대단히 싫어한다. 그의 특권 의식, 야비한 교활성과 음흉함, 그와 같거나 열등한 사람들에 대해서는 고집스럽고, 권세 있는 사람들에게는 굴욕적일 만큼 복종하는 태도, 이 모든 것이 나로 하여금 그에게 편견을 갖게 한다. 이완용은 철저한 기회주의자요, 변절주의자, 아부주의자였다고 할 수 있다."

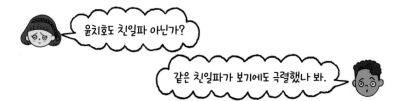

윤치호도 친일파 아닌가?

같은 친일파가 보기에도 극렬했나 봐.

한때 이완용은 고종에게 충성을 맹세하며 고종이 위기에 처할 때 주저하지 않고 나섰어요. 또 조선이 부강한 나라가 되려면 온 백성이 독립을 위해 합심해야 한다고 열렬히 주장하기도 했지요. 하지만 사람들의 기억 속에 이런 모습은 지워지고, 매국노의 모습만 남게 됐어요. 출세의 야욕에 눈이 멀어 잘못된 선택을 했기 때문이에요.

죽기 직전까지도 자신의 죄를 뉘우칠 기색이 없었다는 이완용! 그는 앞으로도 영원히 우리 역사에 나라와 민족을 판 파렴치한 매국노로 기억될 거예요. 살아서는 그 죗값을 운 좋게 피했을지 몰라도 죽어서는 매국노라는 죄명이 그를 영원히 옭아맬 거예요.

에필로그

"다들 이완용 때문에 꽤나 충격을 받은 모양이네요."

한 쌤이 매직 윈도의 작동 버튼을 끄며 말했어요.

"당연하죠. 고종이 그렇게 잘해 줬는데 배신하다니. 고종도 배신하고, 나라도 배신하고, 역시 이완용은 영원한 배신의 아이콘이에요."

만세가 흥분하면서 말했어요.

"저도 그렇게 생각해요. 똑똑하고 충직했던 이완용이 끝까지 고종을 배신하지 않고, 나라를 위해 재능을 썼더라면 우리 역사가 달라졌을 수도 있을 텐데……."

여주도 못내 아쉬운 듯 말했어요.

"저는 정신이 하나도 없었어요. 중요한 건 수첩에 적어야 하는데, 이 나라 저 나라 무슨 조약이 그렇게 많은지. 특히 한일 병합 조약을 쓸 때는 연필이 부러질 뻔했어요. 화가 나서 말이에요."

마이클이 손을 부들부들 떨면서 말했어요.

"후유, 다들 심호흡을 좀 하는 게 좋겠어요. 오광복 교수님은 어떠셨나요?"

"조선이 일본한테 나라를 빼앗길 수밖에 없었던 여러 가지 사건들을 쭉 보면서 한 가지 아쉬운 점이 있었어요."

"그게 뭐예요, 교수님?"

마이클이 수첩에 받아 쓸 준비를 하며 물었어요.

"나라를 일본에 스스럼없이 갖다 바친 이완용도 문제지만, 갑신정변이나 동학 농민 운동처럼 나라에서 문제가 생길 때마다 외세의 힘을 빌리려던 조선 조정의 무기력함도 문제라는 생각이 들었거든요."

오광복 교수님의 말에 아이들이 고개를 끄덕였어요.

"맞아요. 또 조선이 19세기 말 소용돌이쳤던 외세의 변화를 빠르게 감지하지 못했기 때문도 아닐까 싶어요. 이를테면, 흥선 대원군이 통상 수교 거부 정책을 펼치기보다 일찍 나라의 문을 열고 서양 문물을 받아들였으면 어땠을까요? 그래서 일본보다 더 빨리 발전했더라면 힘없이 일본에 무릎 꿇지는 않았을 텐데 말이에요."

한 쌤 말에 오광복 교수님이 고개를 끄덕이며 말했어요.

"맞아요. 그래도 우리 민족은 대단한 민족인 것 같아요. 안중근처럼 이름이 널리 알려진 독립운동가뿐만 아니라 자신의 목숨을 바친 이름 모를 수많은 독립운동가 덕분에 결국 우리나라는 독립을 했으니까요."

오광복 교수님은 돌아가신 증조할아버지가 떠오르는지 눈시울이 붉어졌어요. 그러자 덩달아 다들 눈이 빨개졌지요.

"우리가 이렇게 가슴 아픈 역사를 배우는 이유는 역사가 반복되기 때문이에요. 제국주의와 식민지는 사라졌지만, 세상은 아직도 힘의 원리로 움직이고 있어요. 그래서 세계 곳곳에서 크고 작은 전쟁이 계속 벌어지고 있죠."

오광복 교수님의 말에 한 쌤이 힘을 주며 말했어요.

"맞아요. 우리는 우리 스스로를 지키기 위해서 강해져야 해요. 또한 아픈 역사가 반복되지 않으려면 우린 항상 깨어 있어야 해요. 그 첫걸음이 우리 역사를 바로 아는 거예요. 다들 알겠죠? 다음 한국사 여행에서도 눈을 크게 뜨고 여행해 보자고요!"

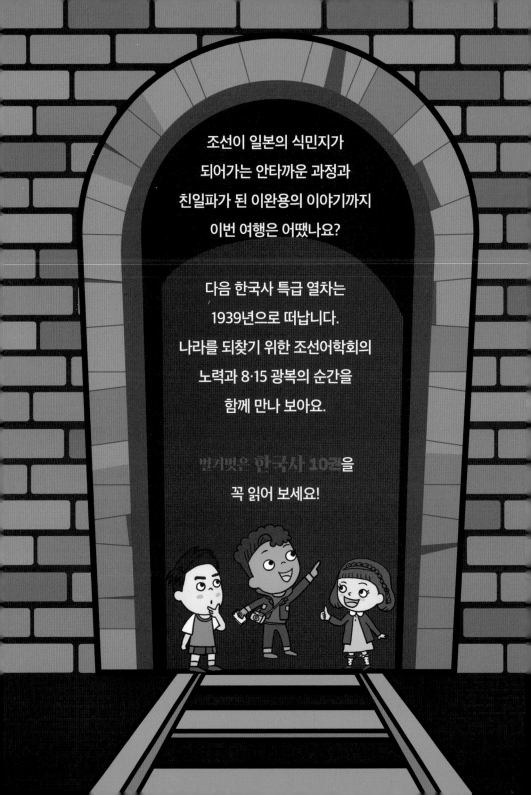

조선이 일본의 식민지가
되어가는 안타까운 과정과
친일파가 된 이완용의 이야기까지
이번 여행은 어땠나요?

다음 한국사 특급 열차는
1939년으로 떠납니다.
나라를 되찾기 위한 조선어학회의
노력과 8·15 광복의 순간을
함께 만나 보아요.

벌거벗은 한국사 10권을
꼭 읽어 보세요!

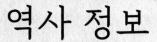

역사 정보

❶ 시대 배경 살펴보기
❷ 인물 다르게 보기
❸ 또 다른 역사 인물들

◈ 주제 마인드맵 ◈

벌거벗은 한국사 퀴즈

◈ 국권 피탈 편
◈ 매국노 편
◈ 정답

제국주의 열강 아래에 놓인 조선

일본과 강화도 조약을 맺은 1876년은 제국주의의 시대였어요.
일본이 오기 전에도 우리나라의 문을 열려고 했던 열강들이 있었어요.
어떤 나라들이고, 조선은 어떻게 대응했는지 살펴보아요.

　　19세기에 전 세계는 제국주의가 팽배해 있었어요. 여러 서구 열강이 세계 곳곳을 점령하여 다른 나라를 자신들의 식민지로 삼았지요. 이들은 19세기 중반부터 아시아로 눈을 돌렸고, 조선에게도 손을 뻗쳤어요.

　　1866년 병인년에 프랑스 함대가 강화도에 쳐들어왔어요. 고종의 아버지 흥선 대원군이 천주교를 탄압하며 프랑스인 신부 아홉 명을 처형하자 이에 대한 보복으로 프랑스가 공격해 온 거예요. 이 사건을 병인양요라고 해요. 프랑스는 책임자를 처벌하고, 통상을 요구했어요. 그러나 흥선 대원군은 이를 거부하고, 프랑스 함대를 격퇴했어요. 프랑스 함대는 40일 만에 조선 땅에서 물러났지요.

　　병인양요가 일어나기 전, 미국 배인 제너럴셔먼호가 평양

↑ 프랑스군 장교가 그린 병인양요 기록화

신미양요에 참전했던 미국 함대 ↑

대동강에 나타나 통상을 요구했어요. 조선 관리가 이를 거부하자 제너럴셔먼호는 조선 사람들을 향해 소총과 대포를 마구 쏘아 댔어요. 화가 난 사람들은 제너럴셔먼호에 불을 붙여 격침시켰어요. 이 사건을 계기로 1871년 신미년에 미국은 제너럴셔먼호 사건을 항의하고 통상 조약을 맺고자 군함을 몰고 강화도 해협에 쳐들어왔어요. 이를 신미양요라고 해요.

미국은 전투에서 승리했지만, 조선과 조약을 맺는 데는 실패했어요. 조선이 완강하게 버티며 저항했거든요. 이후로 흥선 대원군은 척화비를 나라 곳곳에 세우고, 외세와의 교류에 나라 문을 꼭꼭 걸어 잠그는 쇄국 정책을 펼쳤어요. 이후 조선보다 먼저 서양 문물을 받아들인 일본이 운요호 사건을 일으켰고, 이 사건을 계기로 조선은 쇄국 정책을 풀고 개항을 하게 됐어요.

조선을 개혁하고자 했던 고종

고종은 일본에 의해 강제 퇴위되고, 나라까지 빼앗겨
사람들 눈에 우유부단하고 나약한 왕으로 보일 수 있어요.
고종은 정말 무능하기만 했던 왕이었을까요?

고종은 조선의 26대 왕이자 대한 제국의 초대 황제예요. 고종이
재위했던 시기는 제국주의 열강의 침탈로 어렵고 혼란했어요. 하지
만 그 속에서도 고종은 조선의 개화를 위해 노력했어요.

↑ 최초로 전등을 밝힌 건청궁 향원정

↑ 1900년대 초 전기 가로등을 켠 종로 거리

고종은 1887년에 동아시아
최초로 전등을 건청궁에 켰
고, 1900년에는 종로를 시작
으로 한양의 모든 대로에 전
기 가로등을 켰어요. 1896년
10월에는 덕수궁과 인천 사
이에 전화가 개통되었고, 곧
서울에 100회선의 전화를 개
설했지요. 교통 수단에 있어
서도 근대적인 기술과 기계
가 도입돼 1899년부터 한양
거리에 전차가 다녔어요.

이는 아시아에서 두 번째로, 일본 도쿄보다도 2년이나 빨랐어요.

고종은 개혁을 실시하여 자주 독립 국가로 나아가고자 했지만, 일본이 헤이그 특사 사건을 빌미로 강제로 퇴위시켰지요.

1910년대 초 한양 동대문을 통과하는 전차 ↑

고종의 최후는 어땠을까요? 고종은 상궁이 내온 식혜를 마신 뒤 의식을 잃고 쓰러져 다시 일어나지 못했어요. 고종이 독살되었다는 소문이 돌자 사람들은 길거리로 쏟아져 나와 독립 선언서를 낭독했어요. 이게 바로 3·1 운동이었지요. 고종의 죽음이 우리나라 독립운동의 기폭제가 된 것이었어요.

고종 황제의 장례 행렬 ↑

나라를 지키려 했던 독립운동가들

일본이 대한 제국을 병합하자 한반도 곳곳에서 독립운동이 일어났어요.
독립운동가들은 나라를 지키기 위해 다양한 방법으로 활약했어요.
어떤 독립운동가들이 있을까요?

이토 히로부미를 처단한 안중근(1879년~1910년)

황해도 해주에서 태어난 안중근은 어릴 때부터 무술에
능했어요. 말 타기와 활 솜씨가 묘기를 부릴 만큼 뛰어
났고, 특히 사격은 명사수로 불릴 만큼 정확했어요.
안중근은 을사늑약 체결 후 평안남도에 학교를 세
워 인재를 양성하다가 1907년 연해주로 가서 의병
운동에 참가했어요. 그리고 1909년 10월 26일,
안중근은 하얼빈역에서 이토 히로부미를
명사수답게 단번에 사살하고 외쳤어요.
"대한민국 만세!" 민족의 원수였던 이토 히로
부미를 처단한 안중근은 1910년 3월 26일 뤼순
감옥에서 순국했어요.

"내가 죽으면 내 뼈를 하얼빈 공원에 묻어
두었다가 조국이 주권을 되찾거든 그때 조
국으로 옮겨다오. 나는 천국에 가서도

← 안중근

우리나라 독립을 위해 힘쓸 것이다."

안중근은 죽어서도 독립을 간절히 바랐던 마음을 이렇게 유언으로 남겼어요.

독립신문을 발행한 서재필(1864년~1951년)

전라남도 보성에서 태어난 서재필은 어렸을 때 한학을 공부했어요. 열여덟 살에 과거에 급제하여 관직 생활을 했고, 개화파 인사들과 친분을 쌓았어요. 1884년 김옥균이 주도한 갑신정변에 가담했는데, 정변이 실패로 돌아가자 조선을 떠났어요. 일본과 미국에서 망명 생활을 하다 조선에서 개화의 바람이 불기 시작하자 1895년 귀국했어요. 서재필은 조선의 개화와 자주 독립을 주장하는 독립 협회를 조직하고, 우리나라 최초 민간 신문이자 순 한글 신문인 '독립 신문'을 발간했어요. 또한 만민 공동회를 개최하고, 독립문도 세웠어요. 러시아와 일본의 압박으로 미국으로 다시 돌아가야 했지만 서재필은 그곳에서도 독립운동을 후원하고, 대한 제국의 상황을 널리 알리는 활동을 계속해 나갔지요.

서재필 →

국권 피탈을 초래한 여섯 사건

1910년 8월 일본은 강제로 우리나라의 주권을 빼앗고
식민지로 삼았어요. 일본은 조선에서 벌어진 여섯 가지 사건을 통해
차근차근 조선을 침탈했지요. 어떤 사건이었을까요?

1884년 갑신정변

- 급진 개화파가 일본의 힘을 빌려
  개혁을 위해 일으킨 정변
- 청 군대가 진압하여 내정 간섭 심화
- 일본과 한성 조약 체결
- 청과 일본, 텐진 조약 체결

1876년 강화도 조약

- 운요호 사건으로
  일본과 맺은 조약
- 이후 부산, 원산, 인천
  세 항구를 개항

1882년 임오군란

- 구식 군대의 군인들이 신식 군대인
  별기군과의 차별 대우로 일으킨 난
- 청의 내정 간섭 초래
- 일본과 제물포 조약 체결

1894년 동학 농민 운동

- 동학교도와 농민들이 일으킨 농민 혁명
- 텐진 조약으로 청과 일본이 동시 파병해 청일 전쟁 발발, 일본 승리
- 이후 일본이 조선의 정치적 주도권 장악

1905년 을사늑약

- 일본이 강제로 맺게 한 조약
- 외교권 박탈, 통감부 설치
- 후에 헤이그 특사 파견, 고종 강제 퇴위
- 한일 병합 조약 체결

1895년 을미사변

- 일본 자객들이 명성 황후를 시해한 사건
- 후에 고종이 아관파천 단행
- 친일 내각 붕괴되고 러시아의 내정 간섭 시작
- 고종, 대한 제국 수립

1910년 경술국치 (국권 피탈)

1 (가)에 들어갈 사건으로 옳은 것은? (　　　)

역사 신문

제○○호　　　　　　　○○○○년 ○○월 ○○일

일본과의 조약이 체결되다

작년 가을 강화도와 영종도 일대에서 (가) 을 일으킨 일본과의 회담이 수차례 열렸다. 일본이 피해 보상과 조선의 개항을 일방적으로 요구하자, 조정에서는 이에 대한 찬반 논쟁 끝에 신헌을 파견하여 조일 수호 조규를 체결하였다.

무력 시위하는 일본 군인들

① 운요호 사건　　　　　　② 105인 사건

③ 제너럴 셔먼호 사건　　　④ 오페르트 도굴 사건

 2 임오군란에 관한 설명으로 적절하지 않은 것은? (　　　)

① 구식 군대의 군인들이 별기군과의 차별 대우로 일으킨 난이다.

② 군란 후, 일본이 자국 공사관을 지킨다며 군대를 데려왔다.

③ 백성들이 난을 지지하지 않아 실패했다.

④ 청의 내정 간섭을 가져왔다.

3 (가)에 들어갈 사건으로 옳은 것은? (   )

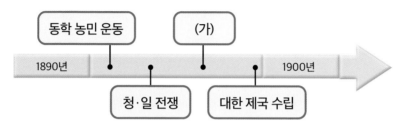

① 임오군란   ② 명성 황후 시해 사건(을미사변)

③ 헤이그 특사 파견   ④ 고종 황제 강제 퇴위

4 밑줄 그은 ㉠으로 옳지 않은 것은? (   )

> 러시아와의 전쟁에서 승리한 일제는 우리나라에 대한 침략을 본격화하였다.
> 곧이어 고종 황제의 거부에도 불구하고 우리나라는 일제에 외교권을 빼앗기는 조약을 강제로 맺게 되었다. 이에 우리 민족은 <u>이 조약에 반대하는 운동</u>을 활발히
> ㉠
> 전개하였다.

① 신돌석의 의병 항쟁   ② 전봉준의 백산 봉기

③ 고종의 헤이그 특사 파견   ④ 장지연의 시일야방성대곡 발표

1 다음은 각 모둠별로 역사 인물을 조사하기 위해 만든 분류 카드이다. 분류 기준을 바르게 설정한 모둠을 모두 고르면? (   )

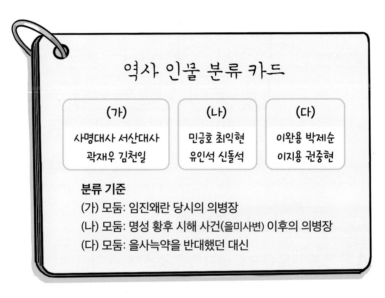

역사 인물 분류 카드

(가)
사명대사 서산대사
곽재우 김천일

(나)
민긍호 최익현
유인석 신돌석

(다)
이완용 박제순
이지용 권중현

분류 기준
(가) 모둠: 임진왜란 당시의 의병장
(나) 모둠: 명성 황후 시해 사건(을미사변) 이후의 의병장
(다) 모둠: 을사늑약을 반대했던 대신

① (가)와 (나)　　　　　② (나)와 (다)

③ (가)와 (다)　　　　　④ (가), (나), (다) 모두

2 이완용이 주도하여 체결한 조약이 아닌 것은? (   )

① 을사늑약　　　　　② 강화도 조약

③ 한일 신협약　　　　④ 한일 병합 조약

3 이완용에 대한 설명으로 적절하지 않은 것은? (　　)

① 육영 공원에 입학하여 영어를 공부했다.
② 갑신정변에 참여한 급진 개화파였다.
③ 주미 조선 공사관원으로 선발되어 미국 땅을 밟았다.
④ 을미사변 후 고종의 아관파천을 주도했다.

 4 명동 성당에서 이완용을 습격한 일로 재판장에게 심문을 받는 피고의 진술이다. 피고는 누구인가? (　　)

> **재판장**
> 피고가 일으킨 일의 배후에 있는 사람은 몇이나 되는가?
>
> **피고**
> 우리 이천만 동포가 모두 배후다!
> 야만적인 일본인은 내보내고 재판장 밖에 있는 한국인을 모두
> 입장시켜라. 그렇지 않으면 심문에 대답하지 않겠다.

①
안중근

②
서재필

③
안창호

④
이재명

국권 피탈 편

1 ✓ ① 운요호 사건

2 ✓ ③ 백성들이 난을 지지하지 않아 실패했다.

3 ✓ ② 명성 황후 시해 사건(을미사변)

4 ✓ ② 전봉준의 백산 봉기

매국노 편

1 ✓ ① (가)와 (나)

2 ✓ ② 강화도 조약

3 ✓ ② 갑신정변에 참여한 급진 개화파였다.

4 ✓ ④

이재명

사진 출처

11쪽 황성신문_한국학중앙연구원

13쪽 한일 합병 기념 엽서_몽양기념관

18쪽 초지진_HyeonChangu·위키미디어

19쪽 운요호 사건_위키미디어

28쪽 수신사 행렬_대한민국역사박물관

30쪽 임오군란_서울역사박물관

32쪽 김옥균_위키미디어

33쪽 도쿄의 증기 기관차_위키미디어

41쪽 만석보_정읍시청

45쪽 경복궁 침탈_대한민국역사박물관

49쪽 시모노세키 조약 체결_위키미디어

50쪽 건청궁_게티이미지뱅크

51쪽 건청궁 곤녕합_국가유산청

61쪽 최익현_위키미디어

64쪽 고종 황제_위키미디어

67쪽 신돌석 상_전쟁기념관

72쪽 서울시립미술관_Jinho Jung·위키미디어

73쪽 이완용_위키미디어

76쪽 조선 공사관 일행_위키미디어

81쪽 러시아 공사관_서울역사박물관

90쪽 가쓰라 다로·윌리엄 태프트_위키미디어

92쪽 중명전_국가유산청

93쪽 이토 히로부미_위키미디어

96쪽 고종 황제 어진_채용신
    _한국데이터베이스산업진흥원

100쪽 이완용·이근택·이지용·권중현
    박제순_위키미디어

105쪽 안중근_게티이미지코리아

106쪽 이재명_한국학중앙연구원

108쪽 순종 칙유_국립민속박물관

110쪽 칙명지보와 인면_국립중앙박물관

111쪽 이순신전_한국근대문학관

114쪽 이완용_위키미디어

122쪽 병인양요_위키미디어

123쪽 신미양요_위키미디어

124쪽 항원정_국가유산청
    종로 거리_서울역사박물관

125쪽 전차_서울역사박물관
    고종 황제 장례 행렬_서울역사박물관

126쪽 안중근 동상_게티이미지코리아

127쪽 서재필 동상_게티이미지코리아

130쪽 조일수호조규 강요 무력 시위
    _국립중앙박물관

133쪽 서재필·안창호_위키미디어

벌거벗은 한국사

❾ 식민지가 된 조선과 친일파 이완용

기획 tvN STORY 〈벌거벗은 한국사〉 제작진 | 글 이선영 | 그림 이효실 | 감수 홍문기·김현철

1판 1쇄 인쇄 | 2024년 12월 23일
1판 1쇄 발행 | 2025년 1월 15일

펴낸이 | 김영곤
아동부문 프로젝트1팀장 | 이명선
개획개발 | 채현지 김현정 강혜인 최지현 이하린
아동마케팅팀 | 장철용 양슬기 명인수 손용우 최윤아 송혜수 이주은
영업팀 | 변유경 김영남 강경남 황성진 김도연 권채영 전연우 최유성
디자인 | 박수진 **구성** | 김익선 **제작** | 이영민 권경민

펴낸곳 | (주)북이십일 아울북
등록번호 | 제406 - 2003 - 061호 **등록일자** | 2000년 5월 6일
주소 | 경기도 파주시 회동길 201(문발동) (우 10881)
전화 | 031 - 955 - 2145(기획개발), 031 - 955 - 2100(마케팅·영업·독자문의)
브랜드 사업 문의 | license21@book21.co.kr
팩시밀리 | 031 - 955 - 2177
홈페이지 | book21.com

ISBN 9978-89-509-4307-3
ISBN 978-89-509-4298-4(세트)

＊잘못 만들어진 책은 구입하신 서점에서 교환해 드립니다.
＊가격은 책 뒤표지에 있습니다.

⚠ **주의** 1. 책 모서리가 날카로워 다칠 수 있으니 사람을 향해 던지거나 떨어뜨리지 마십시오.
2. 보관 시 직사광선이나 습기 찬 곳을 피해 주십시오.

• 제조자명 : (주)북이십일
• 주소 및 전화번호 : 경기도 파주시 회동길 201(문발동)/031 - 955 - 2100
• 제조연월 : 2025. 1. 15
• 제조국명 : 대한민국
• 사용연령 : 3세 이상 어린이 제품

• **일러두기** 이 책에 나오는 지명과 인명은 《표준국어대사전》을 따라 표기하였고,
규범 표기가 미확정일 경우 감수자의 자문을 거쳐 학계의 표기를 따랐습니다.

다양한 SNS 채널에서
아울북과 을파소의
더 많은 이야기를 만나세요.

인스타그램
@owlbook21

페이스북
@owlbook21

네이버카페
owlbook21

네이버포스트
아울북

비교하면 더 잘 보이는 역사!

우리나라의 국권 피탈 시기, 세계에서는 어떤 일이 일어나고 있었을까요?
한국사와 동시대의 세계사 사건들을 퀴즈로 풀어 보며,
두 역사의 연결 고리를 찾아보세요!

 청일 전쟁이 발발하기까지 조선에 일어난 일에 대한 설명과 사건
명을 알맞게 선으로 이은 다음, 사건이 일어난 시간 순서에 알맞은
번호를 써 보세요.

급진 개화파가   전봉준과 농민들이   구식 군대 군인들이
일본의 지원으로   사회 개혁과   차별 대우에 분노하여
일으킨 쿠데타   반외세를 외쳤던 운동   일으킨 반란

●   ●   ●

●   ●   ●

임오군란   동학 농민 운동   갑신정변

(   )   (   )   (   )

 1885년에 청과 일본이 체결했으며, 다음 조항이 들어 있는 조약은 무
엇인지 골라 보세요.

제3조
청일 양국, 혹은 어느 한쪽이 파병하게 될 때에는 우선 상대방 국가에 문서로 알리고,
사건이 진정되면 즉시 철병하고 주둔하지 않는다.

① 강화도 조약   ② 톈진 조약   ③ 제물포 조약   ④ 시모노세키 조약